dtv

- Tadellose Karriere, tolle Ehefrau (oder?), prima kleiner Sohn, klasse Auto – und nun auf einmal …
- Einen rauhbeiningen Weggefährten unter die Erde bringen, während nebenan ein … anderes Rauhbein …
- Eine Saga aus der Frühzeit des Autos, hundert Jahre später aufgezeichnet, mit Genuss, wahrscheinlich treffend.
- Jemand lässt sich einen Körperteil nach dem anderen durch eine Apparatur ersetzen – eine Parabel in mehreren Akten.
- Drei übermütige dunkelhäutige Mädchen werden als Diebinnen verdächtigt. Rassismus und Sexismus unter den Dächern von Paris.
- Großfamilie, Großmäuligkeit, Großmut – vergnügt erinnerte afrikanische Kindheit.
- Nachbarschaft im Wohnviertel: die Blicke hinter Gardinen hervor, gestern auf den da drüben, heute auf mich?
- Ferien *en famille*. Eine Sandburg, märchenhaftes Lebenswerk für einen herrlichen Tag, fantastisch.
- Irritation beim Einkaufen fürs Menu zum ersten Hochzeitstag: Der Jugendfreund begegnet ihr, unwiderstehlich wie damals …
- Ein alter Herr allwöchentlich im Montparnasse-Hochhaus-Restaurant, zum Rund- und Rückblick auf seine Stationen.
- Ein algerischer Maler – kann er unter den ingrimmig traditionsgebundenen Dorfbewohnern heimisch werden?

Aktuelle literarische Lektüre in französisch-deutschem Paralleldruck.

Garde à vue · In Gewahrsam

Zeitgenössische französische Erzählungen
Auswahl und Übersetzung von Christiane von Beckerath

Deutscher Taschenbuch Verlag

dtv zweisprachig · Edition Langewiesche-Brandt
herausgegeben von Kristof Wachinger

Deutsche Erstausgabe
Juni 2005
Deutscher Taschenbuch Verlag GmbH & Co. KG,
München
www.dtv.de zweisprachig@dtv.de

Umschlagkonzept: Balk & Brumshagen
Umschlagbild: ‹Tea time› von Pierre Boncompain

Satz: Greiner & Reichel, Köln
Druck und Bindung: Kösel, Krugzell
Gedruckt auf säurefreiem, chlorfrei gebleichtem Papier
ISBN 3-423-09447-8. Printed in Germany

Inhalt

Jean-Denis Bredin
Rien ne va plus …

Comme chaque jour, Édouard Duplan se leva à sept heures. Le réveil n'avait pas encore sonné, mais Édouard avait pris l'habitude de le précéder de deux ou trois minutes afin que Véronique pût continuer à dormir. Véronique était conseil en organisation, elle arrivait au bureau vers dix heures; personne n'y prêtait attention car les horaires ne comptaient pas dans sa société, tandis que lui, Édouard Duplan, il travaillait dans une entreprise sérieuse qui fabriquait des produits pharmaceutiques, une grosse firme dont il était directeur adjoint, et il devait évidemment donner l'exemple, entrer dans son bureau à neuf heures, un peu plus tôt s'il se pouvait, jamais plus tard. Véronique travaillait sans s'en apercevoir, elle voyageait, rencontrait des tas de gens; lui, c'était tout autre chose, il se donnait un mal fou, obligé de veiller sur tout et sur tout le monde, il n'avait jamais le droit d'être malade. Par surcroît, il attendait une promotion presque certaine. Le travail remplissait sa vie, le travail et son fils, leur fils, car tout son samedi, tout son dimanche, Édouard les consacrait à Cyprien. Cyprien avait six ans. C'était un âge difficile, mais tous les âges sont difficiles. «Cyprien est un surdoué», lui disait Véronique comme elle disait qu'il ferait beau demain ou que la relance économique était proche. Véronique disait n'importe quoi. À sept heures, le matin, elle dormait. Édouard devait la laisser dormir.

Il alla réveiller Cyprien. Il lui fit sa toilette et l'habilla comme chaque matin. Cyprien ressemblait un peu à son père; «le même regard», assurait Véronique. Cyprien était plutôt sage, obéissant, c'était un enfant facile, mais

Jean-Denis Bredin
Nichts geht mehr

Wie jeden Tag stand Édouard Duplan um sieben Uhr auf. Der Wecker hatte noch nicht geklingelt, aber Edouard hatte sich angewöhnt, ihm zwei oder drei Minuten zuvorzukommen, damit Véronique weiterschlafen konnte. Véronique war Unternehmensberaterin, sie ging gegen zehn Uhr ins Büro; in ihrem Betrieb waren die Bürozeiten unwichtig, kein Mensch kümmerte sich darum, während er selbst in einem richtigen Unternehmen arbeitete, einer großen Pharma-Firma, wo er Abteilungsleiter war. Natürlich musste er ein Vorbild sein, Punkt neun im Büro, wenn möglich etwas früher, nie später. Véronique arbeitete, ohne sich dessen bewusst zu sein, sie reiste, traf eine Menge Leute; bei ihm war es ganz anders, er musste sich voll einbringen, er musste auf alles und alle ein Auge haben und durfte sich nie erlauben, krank zu sein. Überdies erwartete er eine Beförderung, die so gut wie sicher war. Die Arbeit füllte sein Leben aus, die Arbeit und sein – ihrer beider – Sohn, denn den ganzen Samstag und auch Sonntag widmete er sich Cyprien. Cyprien war sechs Jahre alt. Es war ein schwieriges Alter, aber jedes Alter ist schwierig. «Cyprien ist ein hochbegabtes Kind», sagte Véronique, so wie sie sagen würde, morgen werde das Wetter schön oder der Wirtschaftsaufschwung werde kommen. Véronique redete wahllos daher. Morgens um sieben schlief sie. Édouard musste sie ausschlafen lassen.

Er ging Cyprien aufwecken. Er wusch ihn und zog ihn an wie jeden Morgen. Cyprien sah seinem Vater ähnlich; «der gleiche Blick», behauptete Véronique. Cyprien war eher brav und gehorsam, ein problemloses Kind, aber er schien im

il semblait dormir debout, il était, comme sa mère, presque impossible à réveiller.

Assis devant la table de cuisine – une belle cuisine, propre, fonctionnelle, comme chacun en rêve –, Cyprien avalait d'ordinaire ses trois yoghourts, tandis que Papa buvait ses trois tasses de café. Ce matin-là tout commença mal. Il ne restait dans le réfrigérateur que deux yoghourts. Jamais Véronique n'avait réussi à faire convenablement les courses. Cyprien râla gentiment, il prit en compensation une crème renversée, évidemment trop lourde. Quant à la cafetière électrique, elle ne voulut pas fonctionner. Édouard Duplan s'y reprit à cinq fois, cinq fois la machine refusa tout service, elle était entartrée, le diagnostic était aisé, mais ce n'était pas de chance, elle s'entartrait deux fois par an, on pouvait le prévoir, c'était le boulot de Véronique et non le sien. Il se prépara du thé, un mauvais thé de Chine, et le thé ne faisait pas l'effet du café. Évidemment, la machine à café fonctionnerait au bureau, mais en attendant Édouard Duplan devait se priver de café. Il vit à travers la vitre qu'il pleuvait, une pluie fine, bête, le genre de pluie qu'il détestait. Il n'aimait que les pluies franches sur les plages bretonnes. Bien sûr on était en novembre, novembre le pire des mois, mais il aurait pu faire beau, ce matin de novembre, par hasard.

Édouard dévala les quatre étages, deux marches par deux marches, en courant. Cyprien descendit derrière lui, comme chaque matin, courant plus vite, marche par marche. On devait se méfier des ascenseurs, de leurs pannes saugrenues; surtout, c'était bon de courir en toute occasion, bon pour la santé, bon pour entretenir le caractère, la rapidité, la précision. Arrivé dans la rue, Édouard hissa Cyprien sur ses épaules, ce n'était pas la pluie, cette méchante petite pluie qui l'en empêcherait. Cela plaisait à Cyprien d'aller

Stehen zu schlafen, genau wie seine Mutter war er kaum wach zu kriegen.

Auf seinem Stuhl am Küchentisch – in einer schönen, sauberen, funktionstüchtigen Küche, wie sie jeder gern hätte – löffelte Cyprien normalerweise seine drei Joghurts, während sein Papa seine drei Tassen Kaffee trank. An diesem Morgen nahm alles einen schlechten Anfang. Im Kühlschrank waren nur noch zwei Joghurts. Véronique hatte es noch nie geschafft, die Einkäufe ordentlich zu erledigen. Cyprien nörgelte ein wenig und nahm stattdessen einen Karamelpudding, der natürlich viel zu schwer verdaulich war. Dann wollte die Kaffeemaschine nicht funktionieren. Édouard Duplan versuchte es fünfmal, fünfmal verweigerte sie ihren Dienst, sie war verkalkt, die Diagnose war klar, aber Pech war es trotzdem, zweimal pro Jahr verkalkte sie, das war vorauszusehen, aber das war eigentlich Véroniques Aufgabe, nicht seine. Er machte sich Tee, einen schlechten chinesischen Tee, und Tee hatte nicht die gleiche Wirkung wie Kaffee. Natürlich würde die Kaffeemaschine im Büro funktionieren, aber bis dahin müsste Édouard Duplan auf seinen Kaffee verzichten. Durch die Fensterscheibe sah er, dass es regnete, ein dämliches Nieseln, die Art Regen, die er hasste. Er mochte nur die ehrlichen Regen an bretonischen Stränden. Natürlich war jetzt November, der schlimmste Monat, aber es hätte doch zufällig an diesem Novembermorgen auch mal schönes Wetter sein können.

Édouard hastete die vier Stockwerke hinunter, immer zwei Stufen auf einmal. Wie jeden Morgen folgte ihm Cyprien mit schnelleren Schritten, Stufe für Stufe. Vor Aufzügen mit ihren unsinnigen Pannen musste man sich hüten; außerdem war es gut, bei jeder Gelegenheit zu laufen, gut für Gesundheit, Charakterbildung, Schnelligkeit und Präzision. Unten auf der Straße hob Édouard Cyprien auf seine Schultern, daran würde ihn der Regen, dieser miese kleine Regen, nicht hindern. Es gefiel Cyprien, auf den Schultern seines

à l'école sur les épaules de Papa, cela plaisait à Papa de le porter, ils allaient vite, cinq minutes pour faire tout le parcours. Édouard savait que les pères résolus, dynamiques, portent leurs enfants sur leurs épaules. Les autres se conduisent comme des mamans, enfin comme les mamans qui accompagnent leurs petits, pas comme Véronique, car jamais Véronique n'avait conduit Cyprien à l'école. Elle dormait et lui, le père, il devait tout faire avant d'aller travailler.

Il pénétra dans la cour, déposa Cyprien, l'embrassa deux fois. « Merci, Papa », lui dit Cyprien. Ce « merci » son père le voulait, il l'attendait, mais Cyprien devait s'abstenir de toute parole inutile car son père était pressé. Édouard regarda sa montre, comme chaque jour à cet instant, devant la porte de l'école, mission accomplie. Véronique viendrait chercher le petit vers 16 h 30; à 16 h 30 elle était déjà libre, libre dès qu'elle le voulait vraiment.

8 h 25 ! Édouard ne comprit pas, ce qui s'était passé. D'ordinaire, il était 8 h 20. Édouard devait vite retrouver sa voiture, traverser Paris, et tout était à redouter, les grèves, les manifestations, les visites de souverains étrangers … Impossible qu'il eût pu perdre cinq minutes sans s'en apercevoir. À nouveau il consulta sa montre, il secoua le bras, observant la grande aiguille. Elle avançait régulièrement.

Il courut jusqu'à sa voiture. Par chance, il avait réussi à la garer presque devant la porte de son immeuble. C'était un enfer de trouver une place, le soir, quand il rentrait, entre vingt heures et vingt et une heures, car Véronique supportait mal qu'il revînt plus tard: s'il aimait vraiment sa femme, assurait-elle, il devait s'évertuer à rentrer tôt, comme tant d'autres réussissaient à le faire. Véronique, elle, circulait à bicyclette, elle n'avait aucun problème. Édouard monta précipitamment dans sa voiture, une Safrane bleu foncé, un véhicule qui convenait à sa fonction, vaste, réflé-

Papas zur Schule zu reiten, es gefiel seinem Papa, ihn zu tragen, sie gingen schnell, brauchten nur fünf Minuten für die ganze Strecke. Édouard wusste: entschlossene, dynamische Väter tragen ihre Kinder auf den Schultern. Die anderen verhalten sich wie Mütter, nun ja, wie Mütter, die ihre Kleinen begleiten, nicht wie Véronique, denn Véronique hatte Cyprien noch nie zur Schule gebracht. Sie schlief, und er, der Vater, musste alles vor seiner Arbeit erledigen.

Er ging in den Schulhof, setzte Cyprien ab und küsste ihn auf beide Wangen. «Danke, Papa», sagte Cyprien. Dieses «danke» wollte sein Vater hören, er erwartete es, aber Cyprien durfte kein weiteres unnötiges Wort sagen, denn sein Vater war in Eile. Édouard sah auf seine Uhr, wie jeden Tag um diese Zeit vor der Schultür, Mission beendet. Véronique würde den Kleinen gegen 16 Uhr 30 abholen; da hatte sie schon frei, jedenfalls wenn es ihr wirklich wichtig war.

8 Uhr 25! Édouard verstand nicht, was passiert war. Normalerweise war es 8 Uhr 20. Édouard musste schnell sein Auto holen, einmal quer durch Paris fahren, und alles konnte passieren, Streiks, Demonstrationen, Besuche ausländischer Staatschefs ... Unmöglich, fünf Minuten Rückstand, ohne es zu merken. Er schaute wieder auf seine Uhr, schüttelte den Arm und fixierte den Sekundenzeiger. Der bewegte sich ganz regelmäßig.

Édouard rannte zurück zu seinem Auto, das er zum Glück fast vor der Haustür geparkt hatte. Es war die Hölle, einen Parkplatz zu finden, wenn er abends zwischen acht und neun nach Hause kam, weil Véronique es nur schwer ertrug, wenn es später wurde: wenn er seine Frau wirklich liebte, behauptete sie, müsse er es einrichten können, zeitig heimzukommen, was den meisten anderen ja auch gelang. Sie selber fuhr mit dem Fahrrad, sie hatte überhaupt kein Problem. Édouard stieg hastig ins Auto, einen dunkelblauen Renault-Safrane, einen Wagen, der seiner Stellung entsprach, geräumig, solide,

chi, sûr de lui, mais sans prétention. Il le mit en marche. La Safrane lui obéit comme à l'ordinaire au premier ordre reçu. Il boucla sa ceinture – car il détestait tous ceux qui méprisaient la ceinture pour se prouver leur puissance ou leur désinvolture –, il se regarda dans le rétroviseur, un bref coup d'œil, afin de vérifier l'état de ses cheveux, et soudain il découvrit la catastrophe: devant lui, derrière lui, deux voitures garées par des voyous bloquaient la sienne. C'était cela Paris, un grand garage d'égoïstes. Édouard commença ses manœuvres, s'échauffa, six fois en avant, six fois en arrière. À chaque coup de volant il s'énervait davantage, écoutant le choc des pare-chocs, de plus en plus violent. La Safrane sortit enfin, il regarda sa montre: trois minutes perdues par la faute de ces cons ! Un autre con voulut passer avant lui, l'empêcher de prendre son élan, mais Édouard ne se laissa pas faire, la Safrane s'élança et le con dut freiner brutalement. La moindre des politesses eût été de laisser passer une voiture qui quittait son stationnement, mais de politesse il n'était plus question nulle part, c'était cela la vie dans les villes, chacun pour soi !

Ces huit minutes, Édouard devait les rattraper. De toute manière il aimait rouler vite, vite et bien. Il doublait toutes les voitures hésitantes, les véhicules sans conviction, mais il doublait aussi les voitures arrogantes, celles qui se croyaient belles, ou originales, ou sportives, et il doublait tous les engins qui ne cessaient de changer de file, tous ces gens trop pressés qui n'avaient rien d'autre à faire que faire les malins. Surtout, il aimait dépasser les voitures conduites par des femmes, des femmes jeunes et belles, qui ne cessaient de se regarder dans le rétroviseur, qui se coiffaient, qui se fardaient, ou simplement se contemplaient. Il détestait les motos et les scooters qui surgissaient autour de lui, il comprenait mal que l'on tolérât un tel désordre qui engendrait tant de périls. Édouard n'avait d'indulgence que

sicher, aber nicht protzig. Er ließ den Motor an. Der Safrane gehorchte wie immer dem ersten Befehl. Édouard schnallte sich an – er hasste alle, die den Sicherheitsgurt verachten, um ihre Macht oder Lässigkeit zu beweisen –, warf einen kurzen Blick in den Rückspiegel, um den Zustand seiner Haare zu überprüfen, und augenblicklich bemerkte er die Katastrophe: vorn und hinten hatten ihn zwei Übeltäter blockiert. So war Paris, eine Großgarage voller Egoisten. Édouard begann seine Rangiermanöver, ihm wurde heiß, sechsmal nach vorn, sechsmal zurücksetzen, bei jedem Einschlagen wurde er wütender, hörte das Geräusch der Stoßstangen, jedes Mal heftiger. Endlich hatte er den Renault draußen, er schaute auf die Uhr: drei Minuten wegen dieser Idioten verloren! Ein weiterer Idiot wollte vor ihm einbiegen, ihn daran hindern, schwungvoll anzufahren, aber Édouard ließ sich das nicht bieten, der Renault schoss vor, und der Trottel musste auf die Bremse treten. Die geringste Höflichkeit wäre ja wohl gewesen, ein Auto aus der Parklücke herausfahren zu lassen, aber von Höflichkeit war nirgends mehr die Rede, so war das Leben in der Großstadt. Jeder für sich!

Diese acht Minuten musste Édouard aufholen. Er fuhr sowieso gern schnell, schnell und gut. Er überholte alle unschlüssigen Fahrzeuge, die Autos ohne Durchsetzungsvermögen, aber auch die arroganten und solche, die sich schön oder originell oder sportlich fanden. Er überholte auch alle Wagen, die immer die Spur wechselten, diese übereiligen Leute, denen nichts besseres einfiel, als Schlaumeier zu spielen. Vor allem überholte er gern Frauen am Steuer, junge und schöne Frauen, die sich ständig im Rückspiegel ansahen, sich frisierten, schminkten oder auch nur betrachteten. Er hasste die Motorräder und Roller, die um ihn herum auftauchten, er konnte schwer einsehen, wie man eine solche gefahrenträchtige Unordnung dulden konnte. Nachsichtig war Édouard nur mit den seriösen Autos, den dunklen Wa-

pour les voitures sérieuses, des voitures foncées qui conduisaient à leur bureau, du mieux possible, des hommes qui travaillaient vraiment.

Rattraper huit minutes sur un trajet qui d'ordinaire lui en prenait trente, était-ce possible? La pluie, cette sale pluie, ralentissait la circulation. Et la radio qu'il écoutait toujours, par précaution, annonçait des manifestations à l'autre bout de Paris, mais les manifestations se déplacent aisément, et la police, si mal gérée, se déploie dans tout Paris dès que dix individus se promènent avec une banderole. Tout s'annonçait mal, ce matin. Édouard Duplan se mit à rouler très vite, plus vite que jamais. Il ne pouvait, lui, se permettre d'arriver en retard au bureau, et c'était clair que l'on voulait l'y contraindre. Il n'était pas homme à se laisser faire. Il doubla des files entières pour s'installer en tête au feu rouge, sur le passage des piétons qui s'indignaient, mais il se moquait bien de leur indignation. Il brûla un feu, puis un autre, puis un troisième. Brûler trois feux, jamais il ne l'avait osé, mais ce n'était pas sa faute, c'était leur faute à eux tous. Deux fois il évita une collision. Maintenant il roulait presque comme un fou. Il entra au parking à neuf heures moins cinq précisément. Il n'avait rattrapé que quatre minutes. Il était exténué, dégoûté. Mais il était là !

Sa place au parking était prise. Prise sans doute par un collègue trop pressé qui avait trouvé sa propre place occupée, ou prise par un imbécile, ou prise par un jaloux, car la promotion prochaine d'Édouard Duplan faisait des envieux, la jalousie était la maladie des médiocres, l'une de leurs maladies. Un instant, il resta immobile, vautré sur son volant. C'était impossible de vaincre tant d'obstacles dressés sur sa route, alors que lui, il ne faisait de mal à personne, il travaillait de son mieux, comme travaillait Cyprien à son école, comme chacun devrait

gen, die bestmöglich die wirklich arbeitenden Männer zu ihren Büros fuhren.

Acht Minuten auf einer Strecke aufzuholen, für die er normalerweise dreißig brauchte, war das möglich? Der Regen, dieser miese Regen, verlangsamte den Verkehr. Und im Radio, das er immer vorsorglich anschaltete, wurde eine Demonstration am anderen Ende von Paris angekündigt, aber Demonstrationen sind schnell woanders und die miserabel organisierte Polizei marschiert in ganz Paris auf, sobald zehn Typen mit einem Spruchband herumlaufen. Alles ließ sich an diesem Morgen schlecht an. Édouard Duplan begann sehr schnell zu fahren, schneller denn je. Er für sein Teil konnte es sich nicht erlauben, zu spät ins Büro zu kommen, und es war klar, dass man ihn dazu nötigen wollte. Mit ihm konnte man das nicht machen. Er überholte ganze Fahrzeugschlangen, um sich an der Ampel auf dem Fußgängerstreifen an die Spitze zu setzen, wo man sich aufregte, was ihn aber kalt ließ. Er fuhr bei Rot über eine Ampel, eine weitere, eine dritte. Dreimal bei Rot, das hatte er nie gewagt, aber es war nicht seine Schuld, Schuld waren alle anderen. Zweimal wich er einem Zusammenstoß aus, jetzt fuhr er fast wie ein Verrückter. Genau um fünf vor neun fuhr er ins Parkhaus hinein. Er hatte nur vier Minuten aufgeholt. Er war am Ende seiner Kraft und angewidert. Aber er war da!

Sein Parkplatz war besetzt. Wahrscheinlich von einem übereiligen Kollegen, der seinen eigenen Platz besetzt vorgefunden hatte, oder von einem Blödmann, oder von einem Missgünstigen, denn die bevorstehende Beförderung Édouard Duplans ließ Neid aufkommen, Missgunst war die Krankheit der Mittelmäßigen, eine ihrer Krankheiten. Einen kurzen Moment hielt er über das Lenkrad gebeugt inne. Unmöglich, so viele Hindernisse auf seinem Weg zu bewältigen, wo er doch niemandem Böses tat, er arbeitete nach bestem Vermögen, so wie Cyprien in der Schule arbeitete, wie jeder arbei-

travailler. Véronique, elle, dormait encore. Peut-être commençait-elle à s'éveiller, souriante, ravie.

Édouard se gara sur une place encore libre, n'importe laquelle, la plus facile à prendre, maintenant il s'en moquait. Il s'étonna de s'en moquer. Jamais il ne se serait cru capable de piquer la place d'un autre, comme ce taré qui avait pris la sienne. Mais «je suis en légitime défense», se répéta-t-il. Et, montant l'escalier, il s'apaisa, tandis que son cœur s'emballait.

Il était 9 h 07 quand Édouard entra dans son bureau. Dans le hall d'entrée, l'hôtesse d'accueil l'avait regardé d'un drôle d'air. Il savait qu'elle ne l'aimait pas, mais elle était si fourbe qu'on ne pouvait rien déduire de l'air qu'elle prenait. Il commença par ouvrir la fenêtre pour respirer un peu. Était-ce la pluie? Était-ce la pollution? Ou les épreuves accumulées? Il se mit à éternuer trois fois d'abord, puis encore trois fois, et à nouveau trois fois, si violemment, si fort que son collègue du bureau voisin frappa à sa porte puis l'ouvrit lentement:

«Pardonnez-moi ... j'ai eu peur ... j'ai cru que vous étiez malade.

– Merci, répondit Édouard, je vous remercie de votre attention», et il éternua trois nouvelles fois tandis que son collègue refermait la porte.

Bien sûr, cet odieux collègue était entré pour faire remarquer à Édouard Duplan que celui-ci était arrivé en retard, avec sept minutes de retard, qu'on le savait, qu'elle était donc bizarre, la promotion d'Édouard Duplan.

Le téléphone sonna. Édouard reconnut la voix de sa secrétaire qui n'arrivait, elle, au bureau qu'à 9 h 30.

«Excusez-moi, lui dit-elle, je me suis permis de vous appeler déjà deux fois ...»

Il l'interrompit:

ten sollte. Véronique hingegen schlief noch. Vielleicht wachte sie gerade heiter und vergnügt auf.

Édouard parkte auf einem noch freien Platz, irgendeinem leicht erreichbaren, jetzt war es ihm völlig egal. Seine Gleichgültigkeit überraschte ihn. Nie hätte er sich für fähig gehalten, einem anderen den Platz zu klauen, so wie dieser Trottel seinen genommen hatte. Aber «ich verteidige mein gutes Recht» wiederholte er sich. Und beim Treppensteigen beruhigte er sich, obwohl sein Herz noch heftig schlug.

Um 9 Uhr 07 betrat Édouard sein Büro. In der Eingangshalle hatte ihn die Empfangsdame komisch angeschaut. Er wusste, dass sie ihn nicht mochte, aber sie war so hinterlistig, dass man aus ihrem Ausdruck keine Schlüsse ziehen konnte. Er öffnete gleich das Fenster, um etwas durchzuatmen. Lag es am Regen? An der Luftverschmutzung? Oder an den sich häufenden Belastungen? Er musste erst dreimal niesen, dann noch dreimal und weitere dreimal, so heftig, dass sein Kollege aus dem Nachbarbüro an die Tür klopfte und sie langsam öffnete.

«Entschuldigung … ich mache mir Sorgen … ich habe gedacht, Sie sind krank.»

«Danke», entgegnete Édouard, «danke für Ihre Aufmerksamkeit», und er nieste noch dreimal, während sein Kollege die Tür hinter sich schloss.

Natürlich war dieser gemeine Kollege nur eingetreten, um Édouard Duplan darauf hinzuweisen, dass er zu spät gekommen war, sieben Minuten zu spät, dass man es wusste und die Beförderung von Édouard Duplan doch etwas seltsam war.

Das Telefon läutete. Édouard erkannte die Stimme seiner Sekretärin, die immer erst um 9 Uhr 30 ins Büro kam.

«Entschuldigung», sagte sie, «ich habe mir erlaubt, schon zweimal anzurufen …»

Er unterbrach sie:

« Cela m'étonne, je vous aurais répondu. »

Elle continua :

« Pardonnez-moi de vous déranger …

– Vous ne me dérangez pas !

– Je m'excuse auprès de vous …

– Ne vous excusez pas.

– Je me suis excusée au bureau du personnel. Je ne peux pas venir aujourd'hui. Mon père est très malade, il vit seul, il n'a que moi pour l'aider. Je vous remercie de bien vouloir me comprendre … »

Elle travaillait aux côtés d'Édouard Duplan depuis dix-huit mois, il l'appréciait, elle ressemblait un peu à Véronique, les jambes plus longues et les cheveux aussi, mais le regard de Véronique était plus vif.

« Je vous comprends. Ne vous excusez pas … Je vous dis à demain.

– Demain, je ne suis pas sûre de …

– Je vous dis à demain. »

Il raccrocha brutalement. Véronique était maintenant réveillée, elle prendrait bientôt son thé, son thé préféré. Le désastre de la cafetière, elle ne s'en apercevrait pas. Il pensa au yoghourt de Cyprien, à Cyprien, à ce que faisait Cyprien à ce moment. Oui, Édouard Duplan devait tenir, tenir le coup pour Cyprien. Mais aujourd'hui, la vie était un enfer, et personne ne paraissait le savoir, et la pluie avait redoublé, et Véronique s'en moquait.

Il n'aurait pas le temps de prendre un café. Bien sûr, la machine fonctionnait, elle n'avait pas besoin de Véronique pour marcher, mais toutes ces machines le dégoûtaient aujourd'hui. Il décida d'aller aux waters.

Il y resta debout quelques instants, puis s'assit, à peu près désespéré. Tout était ligué contre lui. Sans doute devrait-il se moquer de tout, comme Véronique,

«Das wundert mich, ich hätte abgenommen.»

Sie fuhr fort:

«Verzeihen Sie, wenn ich störe ...»

«Sie stören mich nicht!»

«Ich möchte mich bei Ihnen entschuldigen ...»

«Sie brauchen sich nicht zu entschuldigen.»

«Ich habe mich im Personalbüro entschuldigt. Ich kann heute nicht kommen. Mein Vater ist sehr krank, er lebt allein, er hat nur mich als Hilfe. Ich danke Ihnen für Ihr Verständnis ...»

Sie arbeitete seit achtzehn Monaten an der Seite von Édouard Duplan, er schätzte sie, sie erinnerte ein wenig an Véronique, ihre Beine waren etwas länger und ihre Haare auch, dafür war Véroniques Blick lebhafter.

«Ich habe volles Verständnis. Entschuldigung ist nicht nötig ... Dann bis morgen.»

«Morgen, da bin ich mir nicht sicher ...»

«Bis morgen, sage ich.»

Er legte abrupt auf. Véronique war jetzt aufgewacht, sie würde gleich ihren Tee trinken, ihren Lieblingstee. Das Desaster mit der Kaffeemaschine würde sie gar nicht bemerken. Er dachte an Cypriens Joghurt, an Cyprien, daran, was Cyprien in diesem Augenblick wohl machte. Ja, Édouard Duplan musste durchhalten, durchhalten für Cyprien. Aber heute war das Leben die Hölle, und niemand schien das aufzufallen, und der Regen verstärkte sich, und Véronique war das einerlei.

Er würde keine Zeit für einen Kaffee haben. Natürlich ging die Kaffeemaschine, sie brauchte Véronique nicht, um zu funktionieren, aber all diese Maschinen ekelten ihn heute an. Er beschloss, auf die Toilette zu gehen.

Dort blieb er eine Weile stehen, dann setzte er sich ziemlich verzweifelt hin. Alles hatte sich gegen ihn verschworen. Sicher sollte er sich einen Dreck darum kümmern, wie Véro-

mais il ne le pouvait pas. Il ne pouvait compter sur personne. Il était seul, enfermé. Tous ils l'avaient vaincu, ce matin.

Édouard Duplan ne cessait pas d'éternuer. La pluie non plus ne cessait pas. Il l'entendait par la petite fenêtre. Que lui restait-il à faire? À retourner dans son bureau. Quand il passa devant l'hôtesse, elle le regarda de nouveau avec un drôle d'air, un très drôle d'air. Il vit qu'elle observait ses pieds, qu'elle se retenait de rire.

Il baissa le regard. Il vit son pantalon tout trempé, couvert de ruisseaux humides, comme si un troupeau lui avait pissé dessus. Il posa ses bras sur ses jambes, pour les cacher un peu, et marcha ainsi courbé en avant, les mains sur les genoux. L'hôtesse riait vraiment. Il entra dans son bureau, il s'assit, la tête dans le creux du coude, tandis que de son autre bras il frottait son pantalon. Pour la première fois depuis tant d'années, Édouard Duplan se mit à pleurer.

nique, aber er konnte das nicht. Er konnte sich auf niemanden verlassen. Er war allein, eingeschlossen. Alle hatten sie ihn heute morgen fertig gemacht.

Édouard Duplan hörte nicht auf zu niesen. Der Regen hörte auch nicht auf. Er konnte ihn durch das kleine Fenster hören. Was blieb ihm übrig? In sein Büro zurückzugehen. Als er an der Empfangsdame vorbeikam, sah sie ihn wieder mit einem seltsamen Ausdruck an, einem sehr seltsamen Ausdruck. Er bemerkte, dass sie auf seine Füße blickte und sich das Lachen verkneifen musste.

Er senkte den Blick. Er sah, dass seine Hose ganz nass war, voller nasser Rinnsale, als ob eine ganze Viehherde ihn angepinkelt hätte. Er hielt seine Arme vor die Beine, um sie etwas zu verdecken, und ging ein wenig vorgebeugt, die Hände auf den Knien. Die Empfangsdame lachte wirklich. Er kam in sein Büro, setzte sich, den Kopf in der Armbeuge, während er mit der anderen Hand seine Hose rieb. Zum ersten Mal seit Jahren begann Édouard Duplan zu weinen.

Edmonde Charles-Roux
Il était une fois deux poilus …

Je l'installais de mon mieux sur la banquette arrière, la tête soutenue par un coussin. Il fallait éviter les chocs, tous les chocs. Une trentaine de kilomètres nous séparait du village de G… et je conduisais.

Par moments il haletait et, privé de souffle, s'affaissait. Seul le son de ma voix lui redonnait un semblant de vie. En m'entendant, il entrouvrait les yeux avec une sorte de plaisir qui me rendait espoir. Je lui disais: «Tiens bon, tu vas guérir. Le père Lamoureux nous attend. Je l'ai prévenu qu'on arrivait. Il va te tirer de là. Tu le connais, Lamoureux, tu te souviens de lui n'est-ce pas? C'est lui qui t'a soigné après qu'un chien t'a mordu. Il n'y a pas plus fort que lui dans le département. Alors cesse de te biler, vieux, et accroche-toi.»

La route était étroite et bordée de mûriers aux troncs énormes et creux. Ils formaient comme un trait d'ombre entre champs et collines. Quand surgirent, au loin, le clocher de G… puis les toits des quelques maisons qui l'entouraient, l'éclair d'un souvenir me traversa l'esprit. Je revoyais une célèbre affiche telle qu'elle m'était apparue tranquille et forte, un jour, en plein Paris, presque insolente de clarté et faisant fi de la grisaille urbaine. Les deux images se superposaient. Se pourrait-il que ce soit le même clocher, les mêmes lointains? Mais, comme un signal de détresse venu du fond de la voiture, un gémissement me rendit aux dures réalités de mon voyage: l'état de mon passager empirait.

Sur la place du village Lamoureux attendait. Il était en blouse de travail. Ses gants de caoutchouc dépas-

Edmonde Charles-Roux
Zwei Veteranen

Ich brachte ihn, so gut es ging, auf dem Rücksitz unter, den Kopf mit einem Kissen gestützt. Man musste jede noch so kleine Erschütterung vermeiden. Ich saß am Steuer, noch etwa dreißig Kilometer trennten uns von dem Dorf G.

Hin und wieder keuchte er, rang nach Luft, sank in sich zusammen. Nur der Ton meiner Stimme schien ihn zu beleben. Er öffnete dann voll Freude kurz die Augen, so dass ich Hoffnung schöpfte. Ich redete ihm zu: «Halte durch, du wirst wieder gesund. Der alte Lamoureux erwartet uns, ich habe uns angekündigt. Er wird dich da rausholen. Du kennst ihn – Lamoureux – du erinnerst dich doch an ihn? Das ist der, der dich behandelt hat, als du von einem Köter gebissen wurdest. Es gibt keinen tüchtigeren in der Gegend. Also sei unbesorgt, Alter, reiß dich zusammen.»

Die Straße war schmal und von Maulbeerbäumen mit riesigen, hohlen Stämmen gesäumt. Sie bildeten eine Art Schattenlinie zwischen Feldern und Hügeln. Als in der Ferne der Kirchturm von G. auftauchte, dann die Dächer der wenigen umliegenden Häuser, kam mir blitzartig eine Erinnerung in den Sinn. Ich sah ein bekanntes Plakat vor mir, mitten in Paris, wie es damals in fast vermessener Klarheit im Kontrast zum grauen städtischen Einerlei ruhig und stark auf mich gewirkt hatte. Die Bilder legten sich übereinander. Könnte dies am Ende dieser Kirchturm gewesen sein, diese Umgebung? Ein Stöhnen von der Rückbank brachte mich jedoch wie ein Hilferuf zur traurigen Wirklichkeit meiner Fahrt zurück: dem da hinten ging es zusehends immer schlechter.

Auf dem Dorfplatz wartete Lamoureux. Er war im Arbeitskittel, seine Gummihandschuhe schauten aus der Tasche und

saient de sa poche et il portait un calot blanc que je ne lui connaissais pas. Tandis que j'allais à sa rencontre, je notais, autour de l'église, une animation inhabituelle. Des voitures se rangeaient çà et là. Ce n'était pourtant pas jour de marché. Que se passait-il? Tout en se munissant d'un brancard Lamoureux me renseigna: « On enterre aujourd'hui l'un des derniers poilus de la Grande Guerre. Il s'appelait Vadon. Un fils du pays, un orphelin qui, à peine la guerre déclarée, avait filé vers l'Est. À Belfort, il s'était porté volontaire en trichant sur son âge. Soldat à quinze ans, il était revenu au pays avec un triste record: personne n'avait passé à Verdun plus de semaines, plus de jours, plus d'heures que lui. Et pourtant Vadon était le plus pacifique des hommes. Il a été notre boulanger pendant trente ans. C'est en 1940, quand vint la défaite, que la rage le reprit. Il réussit à persuader les boulangers d'alentour de faire comme lui: il avait fait sauter son four pour que les hommes des colonnes motorisées de la Wehrmacht qui approchaient, fussent privés de pain.

Notre maire a rameuté les Anciens Combattants de toute la région. Ils seront là avec leurs drapeaux. Il y aura même un clairon qui a fait dix ans de Légion. Depuis ce matin, on l'entend qui s'entraîne dans la sacristie. Il n'a plus guère de souffle. Mais ça lui revient. »

Au premier coup d'œil, Lamoureux jugea la partie perdue. « C'est trop tard, répétait-il, bien trop tard. Rien que de le sortir de là, rien que de le bouger ça va l'achever. » Il ne se trompait pas. La mort eut lieu quelques secondes après le transport. Sur le ton bourru qui lui était habituel Lamoureux me dit: « Allons! Ce n'est ni le moment de pleurer ni celui de vous trouver mal. N'ayez crainte! Je ne vais pas vous abandonner avec un cadavre sur les bras. Il faut faire vite.

er trug – das kannte ich nicht an ihm – ein weißes Käppchen. Als ich auf ihn zuging, fiel mir ein ungewohnt lebhaftes Treiben rund um die Kirche auf. Überall wurden Autos geparkt, obwohl kein Markttag war. Was ging hier vor? Während er eine Trage holte, klärte Lamoureux mich auf: «Heute wird hier einer der letzten Veteranen des Ersten Weltkriegs beerdigt. Er hieß Vadon. Er stammte hier aus der Gegend, war ein Waisenjunge, der gleich nach der Kriegserklärung an die Ostfront ging. Er verschwieg sein Alter und meldete sich als Freiwilliger in Belfort. Er wurde mit fünfzehn Soldat und kehrte mit einem traurigen Rekord nach Hause zurück: niemand hatte mehr Wochen, Tage und Stunden in Verdun verbracht als er. Dabei war Vadon der friedfertigste Mensch. Dreißig Jahre lang war er unser Bäcker. Mit der Niederlage im Jahre 1940 kam seine Wut wieder hoch. Es gelang ihm, alle Bäcker der Umgebung zu überzeugen, es ihm gleich zu tun: Damit es kein Brot gäbe für die näherkommenden motorisierten Kolonnen der Wehrmacht, hatte er seinen Backofen in die Luft gesprengt.

Unser Bürgermeister hat alle Kriegsveteranen der Gegend zusammengetrommelt. Sie werden da sein mit ihren Fahnen, sogar ein Hornbläser, der zehn Jahre in der Fremdenlegion war. Seit heute morgen hört man ihn in der Sakristei üben. Er kriegt kaum noch genug Luft zum Blasen, aber es wird schon wieder.»

Lamoureux erkannte gleich auf den ersten Blick, dass nichts mehr zu machen war. «Es ist zu spät», wiederholte er, «viel zu spät. Schon ihn da rauszukriegen, schon ihn zu bewegen, wird ihm den Rest geben.» Er täuschte sich nicht. Der Tod trat bereits Sekunden nach dem Herausheben ein. In dem für ihn üblichen rauhen Ton sagte mir Lamoureux: «Kopf hoch! Das ist kein Grund, zu weinen oder sich schlecht zu fühlen. Sie brauchen keine Sorge zu haben. Ich lasse Sie nicht im Stich mit dem Kadaver auf dem Arm. Wir müssen uns beeilen. Der

Notre malade a été victime d'une infection pulmonaire grave, très grave. Nous allons le mettre dans mon champ, là, le long du mur du cimetière. Jadis j'y faisais des fleurs. J'ai renoncé. Plus rien. Des voisins y viennent de temps en temps cueillir de l'herbe pour leurs lapins. Il n'y sera pas mal, votre pauvre mort, pas mal du tout. Allons ! Je vais chercher ma pelle … »

Tandis qu'il creusait, on entendait parler derrière le mur. Des hommes âgés poussaient la grille du cimetière et s'assemblaient. L'un d'eux avançait en claudiquant. Il utilisait la hampe de son drapeau comme une canne. Puis il y eut un silence, puis des discours. Des voix brisées prononçaient le mot « guerre ». Puis, à l'instant où Lamoureux jetait une dernière pelletée, il y eut la sonnerie d'un clairon. Des notes tremblées. Le clairon hésitait, puis se reprenait. Ce n'était plus un adieu mais un sanglot.

Lamoureux ôta son calot avec des « Allons ! » répétés et, alors qu'il m'accompagnait, en manière de consolation, me dit : « Avouez qu'on lui a fait un beau départ à votre *Poilu*. Avec les honneurs militaires, comme qui dirait … Aurait-on jamais pensé qu'il serait porté en terre le même jour que l'autre, le vrai … » Et d'ajouter : « Allons ! Ce n'est pas tous les jours qu'un chien est enterré au son du clairon. »

Bedauernswerte ist das Opfer einer sehr, sehr schweren Lungenentzündung. Wir werden ihn auf mein Feld an der Friedhofsmauer bringen. Früher habe ich dort Blumen gepflanzt. Das habe ich aufgegeben, jetzt ist da nichts mehr. Manchmal kommen Nachbarn, um Gras für ihre Kaninchen zu holen. Da wird es ihm nicht schlecht gehen, Ihrem armen toten Freund, wirklich nicht schlecht. Kopf hoch! Ich hole meine Schaufel ... »

Während er grub, hörte man Stimmen hinter der Mauer. Alte Männer stießen das Tor zum Friedhof auf und versammelten sich dort. Einer von ihnen humpelte. Er benutzte die Fahnenstange als Stock. Darauf folgte Stille, dann wurden Reden gehalten. Zitternde Stimmen formten das Wort « Krieg ». Schließlich, als Lamoureux gerade eine letzte Schaufel voll Erde hineinwarf, erklang ein Hornsignal. Unsichere Töne. Das Horn zögerte, fing sich wieder. Es war weniger ein Abschiedsruf als ein Schluchzen.

Lamoureux nahm unter mehrfachem « Kopf hoch! » sein Käppchen ab und sagte mir zum Trost, als er mich zurückbegleitete: « Sie müssen zugeben, dass man Ihrem Veteranen einen schönen Abschied bereitet hat. Mit allen militärischen Ehren, sozusagen ... Wer hätte schon gedacht, er würde am gleichen Tag wie der andere, der richtige, beerdigt werden ... » Und er fügte hinzu: « Kopf hoch! Es passiert nicht alle Tage, dass ein Hund mit Hörnerklang zu Grabe getragen wird. »

Philippe Claudel
Bon anniversaire, Monsieur Framottet !

Le 23 juin 1906, Hyppolite Framottet s'apprêtait à fêter son anniversaire. Il avait cinquante et un ans, une femme, trois enfants dont le dernier avait douze mois, une belle-sœur, une belle-mère, une usine à vapeur qui dressait dans le ciel une cheminée énorme, 214 ouvriers, 20 contremaîtres, 3 comptables, 2 directeurs, une demeure cossue qui ressemblait à un petit château, et une fortune immense dont lui seul connaissait l'exacte étendue.

Barbu, sévère, travailleur infatigable, bedonnant, sujet à la goutte, avare, il était par ailleurs conseiller général, décoré de l'ordre du mérite, officier de la Légion d'honneur, détenteur de la médaille de l'industrie. Bon père et bon mari, il se contentait chaque année de deux ou trois copulations ancillaires avant d'éloigner au plus vite, en lui donnant la pièce et une bonne lettre, la servante avec laquelle il avait fauté.

Il était reçu chez l'évêque, le préfet, quelques secrétaires d'état. Il en concevait une fierté de dindon. Il aspirait à la députation.

Hyppolite Framottet était un homme heureux, mais ce bonheur, il ne le montrait jamais, ne sachant d'ailleurs pas trop définir ni même nommer le sentiment de plénitude qui l'envahissait lorsqu'il compulsait les carnets de commande pleins à craquer que lui tendaient des mains respectueuses et craintives, ou quand il marchait à pas forcés dans son usine, suivi de la petite troupe des contremaîtres qui peinaient, légè-

Philippe Claudel
Alles Gute zum Geburtstag, Monsieur Framottet!

Am 23. Juni des Jahres 1906 schickte sich Hyppolite Framottet an, seinen Geburtstag zu feiern. Er war einundfünfzig und hatte eine Frau, drei Kinder – das jüngste ein Jahr alt –, eine Schwägerin, eine Schwiegermutter, eine dampfmaschinenbetriebene Fabrik, deren mächtiger Schornstein in den Himmel ragte, 214 Arbeiter, 20 Vorarbeiter, drei Buchhalter, zwei Direktoren, ein stattliches, schlossartiges Anwesen und ein riesiges Vermögen, dessen genauen Wert nur er allein kannte.

Er war Bartträger, ernst und streng, ein unermüdlicher Arbeiter, mit Neigung zu Korpulenz und Gicht, geizig, und überdies war er Mitglied des Bezirkstages, Träger des Verdienstordens, Offizier der Ehrenlegion und Inhaber des Ehrenzeichens der Industrie. Er war ein guter Vater und Ehemann, beschränkte sich auf jährlich zwei oder drei Liebschaften mit den Hausangestellten, um dann so schnell wie möglich die junge Frau, mit der er gesündigt hatte, mit einer Abfindung und einem guten Empfehlungsschreiben fortzuschicken.

Er verkehrte beim Bischof, beim Präfekten und bei einigen Staatssekretären. Das gab ihm ein mächtiges Selbstbewusstsein. Er strebte einen Abgeordnetenposten an.

Hyppolite Framottet war ein glücklicher Mann, aber er trug dieses Glück nicht zur Schau, er hätte das Gefühl von Zufriedenheit auch gar nicht erklären oder nur bezeichnen können, das ihn erfüllte, wenn er die übervollen Auftragsbücher durchsah, die ihm von respektvollen und ängstlichen Händen zugereicht wurden, oder wenn er energischen Schrittes durch seine Fabrik ging, gefolgt von dem kleinen Trupp Vorarbeiter, die, leicht gebeugt, Mühe hatten, ihm auf den

rement courbés, à suivre son allure, et que partout le vrombissement des dizaines et des dizaines de tours se changeaient, dans son pauvre imaginaire, en une musique tintinnabulante, celle de la chute soyeuse de francs or déversés comme à profusion d'une corne brandie par une jeune fille laiteuse aux seins découverts.

Hyppolite Framottet avait hérité de l'usine que son propre père avait fondée en 1871. Très vite, Framottet père se rendit compte de l'intelligence limitée de son rejeton, et plutôt que de le laisser devenir complètement idiot en somnolant sur les bancs des jésuites de Besançon, il le fit revenir au bourg et entreprit de l'initier au métier de bourgeois industriel.

Si ni Platon, ni Bossuet, ni Lamartine n'étaient jamais parvenus à éveiller le moindre intérêt dans l'esprit un peu lourd du jeune homme, le principe de l'investissement, de la fraction du capital, des encours à terme, du report d'agios, de l'étalement des traites, et du paiement à rebours lui parurent les arcanes passionnantes d'une sorte de grand jeu pour lequel il devint assez aisément un champion.

Par ailleurs, sans avoir de génie, ni même la moindre parcelle d'invention, il sut capter le meilleur des autres, se l'accaparer, et se l'attribuer. C'est ainsi qu'il put doter l'usine paternelle de tout un tas d'améliorations tant techniques que créatives qui bien vite donnèrent à l'établissement une envergure nationale dans son domaine qui était celui du bois tourné.

À la mort de son père en 1891, Hyppolite Framottet prit seul la direction de l'usine. Il s'assit dans le grand bureau aux murs couverts de panneaux de palissandre, posa son derrière déjà imposant sur l'assise du fauteuil en cuir, le fit pivoter et donna, le cœur battant, son premier ordre de nouveau chef au secrétaire, tout en

Fersen zu bleiben, und wenn überall das Dröhnen und Drehen sich in seiner dürftigen Fantasie in eine klingende Musik verwandelte, in seidenweiches Fallen von Goldstücken, die in verschwenderischer Fülle aus einem Horn fielen, das von einem zarthäutigen Mädchen mit entblößten Brüsten gehalten wurde.

Hyppolite Framottet hatte die von seinem Vater 1871 gegründete Fabrik geerbt. Framottet senior hatte sehr bald den begrenzten Verstand seines Sprößlings erkannt. Statt ihn auf den Schulbänken der Jesuiten in Besançon dösend verdummen zu lassen, hatte er ihn zurück ins Dorf geholt und sich daran gemacht, ihm den Beruf eines bürgerlichen Industriellen beizubringen.

Weder Platon noch Bossuet noch Lamartine wäre es je gelungen, die geringste Begeisterung in dem etwas schwerfälligen Geist des jungen Mannes zu wecken, aber die Prinzipien von Investitionen, Aufteilung des Kapitals, Wechselverbindlichkeiten, Kreditkosten, Staffelung der Raten und Schuldentilgung waren für ihn fesselnde Geheimnisse in einer Art großem Spiel, in dem er es ziemlich mühelos zur Meisterschaft brachte.

Übrigens wusste er, der selber kein Genie und nicht im geringsten erfinderisch war, das beste aus anderen herauszuholen, sich zunutze zu machen und anzueignen. Auf diese Weise gelang es ihm, die väterliche Fabrik mit einer Menge neuartiger technischer Erfindungen zu versehen, die dem Unternehmen im Bereich der Holzdrechselei sehr bald zu nationaler Bedeutung verhalfen.

Beim Tod seines Vaters im Jahre 1891 übernahm Hyppolite Framottet allein die Leitung der Fabrik. Er ließ sich im großen Büro mit den Palisanderpaneelen an den Wänden mit seinem schon stattlichen Hinterteil auf dem Ledersessel nieder, brachte diesen zum Drehen und gab mit klopfendem Herzen dem Sekretär seinen ersten Befehl als neuer Chef, wobei er

regardant face à lui le portrait barré d'un crêpe noir de feu son père.

En quelques années, l'activité de l'usine fut multipliée par cinq. On embaucha, on sous-traita, on s'agrandit. Sans concurrent réel, Hyppolite Framottet devint une sorte de monarque d'un royaume de bois aux senteurs de buis et de hêtre. Toutes les pièces qui sortaient de l'usine étaient envoyées aux quatre coins de la France, parfois même en Belgique, en Prusse, en Argentine, voire aux États-Unis d'Amérique.

Mais ce qui propulsa son entreprise dans la sphère étroite du grand capital, ce fut le virage audacieux qu'il lui fit prendre, en 1900, lorsqu'il décida, tout en continuant la fabrication d'articles traditionnels, de consacrer une partie de son parc de machines à la production de jouets. L'usine prit son envol comme une fusée. L'argent s'entassa dans les caisses. On embaucha encore et encore. Les grands magasins parisiens passaient commande chaque semaine. On avait peine à suivre. Hyppolite Framottet eut soudain le sentiment nigaud que la terre lui appartenait.

Lorsqu'il marchait dans le bourg, les hommes s'arrêtaient, enlevaient leur casquette et saluaient bien bas. Les femmes quant à elle s'arrêtaient aussi et faisaient une sorte de petite révérence. Il ne répondait ni aux uns ni aux autres. Il faisait mine de ne pas les voir, partant du principe que les ouvriers sont tous des ivrognes, et les ouvrières des débauchées, et que si lui commençait à leur rendre leur salut, il passerait ses journées à cela. Il avait bien d'autres choses à faire. Ce dédain marqué ne l'empêchait pas d'ailleurs de faire en sorte que ses employés vivent dans des conditions décentes. Et souvent il s'inquiétait de leurs logements, du sort de leurs enfants, de leur éducation, de leur alimentation, consentant sou-

gleichzeitig den Blick auf das mit einem Trauerflor versehene Portrait seines verblichenen Vaters gerichtet hielt.

Im Verlauf einiger Jahre verfünffachte sich der Umfang des Betriebs. Leute wurden eingestellt, Aufträge vergeben, Vergrößerungen vorgenommen. Hyppolite Framottet wurde ohne wirklichen Konkurrenten eine Art Monarch in dem Königreich, das nach Buchsbaum und Eichenholz duftet. Die Werke, die seine Fabrik verließen, wurden nach ganz Frankreich verschickt, mitunter sogar nach Belgien, Preußen, Argentinien oder selbst in die Vereinigten Staaten.

Was jedoch sein Unternehmen in die einsamen Höhen des Großkapitals beförderte, war seine Entscheidung im Jahre 1900, unter Beibehaltung der bisherigen Produktion mit einem Teil seines Maschinenparks den mutigen Schwenk zur Herstellung von Spielzeugartikeln zu wagen. Die Fabrik nahm einen raketengleichen Aufschwung. Die Kassen füllten sich mit Geld. Man konnte gar nicht genug Leute einstellen. Die Pariser Kaufhäuser gaben wöchentlich ihre Bestellungen durch. Es gelang kaum, damit Schritt zu halten. Hyppolite Framottet hatte eine naive Anwandlung, Herrscher der Welt zu sein.

Wenn er zu Fuß im Ort unterwegs war, blieben die Leute stehen, zogen ihre Mütze und verbeugten sich tief. Die Frauen hielten inne und machten eine Art kleinen Knicks. Er erwiderte weder das eine noch das andere. Er tat so, als sähe er die Leute nicht, da für ihn grundsätzlich alle Arbeiter Säufer und alle Arbeiterinnen liederlich waren, und wenn er einmal anfinge, zurückzugrüßen, könnte er den ganzen Tag nichts tun als bloß noch grüßen. Er hatte wirklich andere Dinge zu tun. Diese deutliche Geringschätzung hinderte ihn im übrigen nicht daran, dafür zu sorgen, dass seine Angestellten in anständigen Verhältnissen lebten. Immer wieder machte er sich Gedanken um ihre Unterkunft, um das Wohlergehen ihrer Kinder, um deren Ausbildung und Ernährung,

vent des avances sur les payes, souffrant des retards sur les termes des loyers des appartements en sa possession qu'il mettait à leur disposition. Aucune philanthropie ne dictait cela, simplement le souci d'un patron qui désirait que sa main d'œuvre fût dans la meilleure forme possible afin qu'elle lui donnât le meilleur d'elle-même. « Ce n'est pas avec un cheval à trois pattes qu'on tire bien la charrette ». Il avait pêché cette phrase il ne savait plus où et la répétait à l'envi.

Le 23 juin 1906, Hyppolite Framottet se leva à 4 heures du matin. Il déjeuna très légèrement de saucisses, de café, de fromage, de jambon, d'œufs et de brioche. Puis, après quelques ablutions, il prit dans une haute armoire de son dressing trois paquets parallélépipédiques qui étaient secrètement arrivés trois jours plus tôt, en provenance directe du *Bon goût moderne* 168, boulevard Haussmann, Paris.

Il ouvrit les paquets, en sortit leur contenu, puis s'en revêtit avec un plaisir qu'il parvint à peine à se dissimuler à soi-même. La maison dormait encore lorsqu'il descendit le grand escalier, faisant grincer le cuir de ses bottes neuves et feuler le tissu rêche de la curieuse veste qu'il venait d'endosser. Parvenu au dehors, avec les précautions d'un conspirateur, il descendit la grande allée de gravier jusqu'au portail, puis attendit debout, au bord de la route. Il était un peu plus de cinq heures.

Les mains gantées de phoque, le haut du crâne engoncé dans une casquette à rabats vert olive, pelucheuse, et d'une taille trop petite pour lui, les yeux disparaissant derrière d'énormes lunettes de forme hexagonale à monture d'acier doublée de caoutchouc, ce qui avait pour vertu de les rendre, selon le prospectus, « *parfaitement étanches au vent et à l'eau, quelles que soient les conditions atmosphériques, fussent-elles épouvantables ou bien polaires* »,

oft bewilligte er Gehalts-Vorauszahlungen und duldete verspätete Mietzahlungen bei den Wohnungen, die ihm gehörten und die er zur Verfügung stellte. Das geschah nicht aus Menschenfreundlichkeit, es war ganz einfach die Sorge eines Unternehmers, der seine Arbeiter in der bestmöglichen Verfassung sehen wollte, damit sie das Beste geben konnten. «Mit einem dreibeinigen Pferd lässt sich ein Karren nicht gut ziehen.» Diesen Satz hatte er irgendwo aufgeschnappt, er wiederholte ihn ein ums andere mal.

Am 23. Juni 1906 stand Hyppolite Framottet früh um vier Uhr auf. Er nahm ein ganz leichtes Frühstück mit Würstchen, Kaffee, Käse, Schinken, Eiern und Brioche zu sich. Er wusch sich ein wenig – und dann entnahm er einem hohen Schrank seines Ankleidezimmers drei längliche rechteckige Pakete, die drei Tage zuvor heimlich direkt vom *Bon goût moderne* aus Paris, 168, Boulevard Haussmann, angekommen waren.

Er öffnete die Pakete, nahm heraus, was sie enthielten, zog es an mit einem Genuss, den er sich selber kaum erklären konnte. Das Haus lag noch im Schlaf, als er die große Treppe hinunterstieg, wobei das Leder seiner neuen Stiefel knarrte und der rauhe Stoff seiner seltsamen Jacke raschelte. Mit den Vorsichtsmaßnahmen eines Verschwörers war er schließlich draußen; er schritt die lange Kiesallee bis zum Portal hinunter und blieb dort am Straßenrand wartend stehen. Es war kurz nach fünf.

An den Händen trug er Handschuhe aus Seehundfell, knapp um den Schädel saß, eine Nummer zu klein, eine Plüschkappe mit olivfarbenen Ohrenklappen, die Augen verschwanden hinter einer riesigen sechseckigen Brille mit gummigesäumter Stahlfassung, was, laut Prospekt, den Vorzug hatte, sie *«hermetisch gegen Wind und Wasser abzudichten, unter jeden, auch unwirtlichen oder polaren Wetterbedingungen»*, der Hals war in einen Schal aus Ot-

le cou entortillé dans une étole en peau et fourrure de loutre, la poitrine opprimée par une triple jaquette à poches multiples, « *du dernier chic, modèle anglais, indispensable et fondamentalement nécessaire aux personnes de qualité voulant sans surprise s'adonner à ce nouveau sport* », les cuisses et les jambes emballées dans un pantalon bouffant, d'un jaune criard, avec renfort en cuir de buffle aux articulations et au postérieur, les pieds et les mollets contraints par des bottes « *d'une forme révolutionnaire permettant les mouvements les plus amples comme les plus délicats* », Hyppolite Framottet, méconnaissable, commençait à suer à grosses gouttes dans son harnachement alors que le soleil n'était pas encore levé.

Vers cinq heures et quart, passa sur la route Amédée Voreux, un braconnier qui depuis qu'il était né jouait au chat et à la souris avec le garde-chasse et les gendarmes. Il portait sous sa blouse deux lièvres encore chauds qu'il venait de dégager de ses collets. Lorsqu'il aperçut Hyppolite Framottet, il ne le reconnut pas. Il se frotta les yeux, pensa à un moment que la gnôle qu'il avait bue à jeun lui donnait des visions et, passant près de l'industriel, il lui lança goguenard : « Où tu vas mon gars, sur la lune ? ». Hyppolite Framottet ne répondit rien. Il fit volte-face, rongeant son frein. Voreux s'éloigna en rigolant comme un bossu.

Dix minutes plus tard, à l'heure convenue, une lourde voiture tirée par six chevaux et conduite par deux hommes se profila au bout de la route. Hyppolite Framottet était en nage. La sueur coulait le long de ses lunettes dont il put ainsi vérifier l'étanchéité. Les poils de loutre irritaient sa nuque. Il marinait dans ses bottes. Ses poumons, oppressés, peinaient à lui délivrer de l'air. Il vint au devant des voituriers. Il se présenta à eux et à voix basse les invita à le suivre.

terhaut und -fell gewickelt, der Leib eingepackt in eine dreilagige Jacke mit zahlreichen Taschen, *«nach der letzten Mode, englisches Modell, unverzichtbar und dringend erforderlich für den anspruchsvollen Herrn, der sich ohne unangenehme Überraschung diesem neuen Sport widmen will»*, Ober- und Unterschenkel steckten in einer weiten Hose, knallgelb und an Gelenken und Gesäß mit Büffelleder verstärkt, Füße und Waden gezwängt in Stiefel *«von einer revolutionären Form, die sowohl ausladende als auch differenzierteste Bewegungen erlaubt»*. Hyppolite Framottet war nicht wiederzuerkennen und begann in seiner Ausstaffierung heftig zu schwitzen, obwohl die Sonne noch nicht aufgegangen war.

Gegen viertel nach fünf kam auf der Landstraße Amédée Voreux vorüber, ein Wilddieb, der von klein auf mit Wildhütern und Gendarmen Katz und Maus gespielt hatte. Unter dem Kittel trug er zwei noch warme, soeben aus seinen Schlingen geholte Hasen. Als er Hyppolite Framottet erblickte, erkannte er ihn nicht. Er rieb sich die Augen, dachte einen Augenblick, der auf nüchternen Magen getrunkene Schnaps gaukelte ihm Trugbilder vor, und warf dem Industriellen im Vorbeigehen scherzhaft zu: « Wohin gehst du denn, Bursche, auf den Mond? » Hyppolite Framottet blieb die Antwort schuldig. Er wandte sich ab und schluckte seinen Ärger hinunter. Im Fortgehen lachte Voreux sich krumm und schief.

Zehn Minuten später, zur verabredeten Zeit, tauchte am Ende der Straße ein von sechs Pferden gezogenes und von zwei Männern gelenktes schweres Gefährt auf. Hyppolite Framottet war nassgeschwitzt. Der Schweiß rann an seiner Brille entlang, die dabei ihre Wasserfestigkeit erwies. Die Otterhaare kratzten ihn am Nacken. Er schwamm in seinen Stiefeln. Seine eingeengte Lunge bekam nur mit Mühe Luft. Er ging auf die Fuhrleute zu, stellte sich ihnen mit leiser Stimme vor und bat sie, ihm zu folgen.

Les deux types paraissaient harassés, comme s'ils avaient fait un très long voyage. L' accoutrement d'Hyppolite Framottet ne sembla pas les intriguer. Ils se laissèrent conduire. Dans un silence total, l'industriel ouvrit grand le portail du parc: la voiture entra. Les chevaux semblaient aussi exténués que leurs maîtres. Parvenu près du perron, Framottet fit arrêter le convoi et murmura à l'oreille des deux hommes que c'était là qu'il fallait décharger. Ils soulevèrent les bâches: apparut soudain une masse énorme, presque cubique, entourée de toiles goudronnées, sanglée de toute part. Les deux gars placèrent quatre planches, épaisses et larges à l'arrière, de façon à ce qu'elles touchent le sol. Puis ils montèrent dans la voiture et, ensemble et d'un même effort, poussèrent l'énorme colis emballé qui se mit à glisser magiquement puis à dévaler les planches pour finalement venir sur le sol et s'immobiliser en s'enfonçant un peu dans les graviers.

Hyppolite Framottet avait surveillé la manœuvre avec angoisse et jubilation. Tout entier à son observation, il ne faisait même plus attention aux flots de sueur dans lesquels il mijotait et qui le faisaient de plus en plus ressembler à une grosse marinade.

« On déballe tout? demanda le plus grand des gars qui avait une tête triste et beige.

– Je m'en chargerai! coupa Framottet qui commençait à concevoir un sentiment de possession et de jalousie à l'égard de l'objet qu'on venait de lui livrer.

– On vous montre pas comment ça marche? hasarda l'autre convoyeur.

– Je ne suis pas idiot! trancha Framottet avec dédain. Le gars haussa les épaules avec résignation.

– Faites attention quand même, c'est capricieux ces choses-là ...

Die zwei Männer wirkten so erschöpft, als hätten sie eine lange Reise hinter sich. Die Aufmachung Hyppolite Framottets schien sie nicht zu stören. Sie ließen sich den Weg weisen. In völliger Stille öffnete der Industrielle die Torflügel zum Park, das Fahrzeug fuhr hinein. Die Pferde schienen ebenso abgekämpft zu sein wie ihre Herren. Nahe der Freitreppe ließ Framottet das Gefährt anhalten und flüsterte den Männern ins Ohr, hier auszuladen. Sie hoben die Planen an: eine riesige Form wurde sichtbar, fast ein Kubus, in Ölplanen eingepackt und ringsherum verschnürt. Die beiden Kerle legten vier dicke, breite Holzplanken hinten an, so dass sie bis auf den Boden gingen. Dann stiegen sie auf das Fuhrwerk und schoben mit aller Kraft gemeinsam das riesige, eingepackte Paket an; es begann sich wie von Zauberhand zu bewegen, rutschte die Bohlen hinunter und kam schließlich auf dem Boden, ein wenig in den Kies einsinkend, zum Stillstand.

Hyppolite Framottet hatte den Vorgang angstvoll und begeistert überwacht. Er war so vertieft in seine Beobachtung, dass er nicht mehr auf die Fluten von Schweiß, in denen er wie in einer Marinade badete, achtete.

« Sollen wir alles auspacken? » fragte der größere der beiden Männer, mit einem traurigen und fahlen Gesicht.

« Ich werde mich darum kümmern! » sagte Framottet kurz angebunden. Er fing an, ein Gefühl von Besitzerstolz und Eifersucht hinsichtlich des gerade gelieferten Gegenstandes zu empfinden.

« Sollen wir Ihnen nicht zeigen, wie es funktioniert? » gab der andere Begleiter zu bedenken.

« Ich bin doch nicht dämlich! » wies ihn Framottet verächtlich ab.

Der Bursche zuckte resigniert die Schultern.

« Sie sollten trotzdem aufpassen, diese Dinger haben so ihre Tücken ... »

Le convoyeur à tête triste avait dit cela en reprenant les rênes du cheval de tête. L'autre ajouta :

– Il y a un mode d'emploi à l'intérieur, on ne sait jamais, ça pourrait vous servir …

– C'est cela ! c'est cela ! » jeta Framottet avec irritation, se demandant quand ces deux corniauds le laisseraient enfin seul avec ce qu'il avait attendu depuis des mois, et qui désormais était là, chez lui, pour lui seul.

Les deux gars attendirent un pourboire qui ne vint pas. Puis, de guerre lasse, ils s'épongèrent le front, marmonnèrent un au revoir, remontèrent dans leur voiture et, lentement, s'en allèrent.

Hyppolite Framottet trépignait comme un enfant. Il attendit que la voiture et les convoyeurs aient disparu pour, avec respect et délicatesse, presque avec dévotion, détacher la première sangle, puis la deuxième, puis la troisième, puis toutes les sangles, le cœur battant, et d'un geste ample autant que théâtral arracher l'immense bâche qui s'envola dans le ciel comme un épervier pour retomber au sol dans un bruit de froissement. Alors, découvrant pour la première fois dans la lumière rasante du matin de cette belle journée d'été ce qu'il n'avait vu jusqu'à présent que sur catalogue, Hyppolite Framottet fut secoué d'un tremblement nerveux. Il sentit sa gorge se nouer et quelques larmes de joie poindre au bord de ses yeux. Jamais il n'avait été aussi heureux de sa vie.

Lorsque Madame Framottet, une forte brune que ses trois grossesses avaient épaissie plus encore, constata l'absence de son mari, elle n'en fut guère étonnée, habituée qu'elle était au fait qu'il partait souvent très tôt à l'usine, même les dimanches, même les jours de fête, même les jours d'anniversaire.

Lorsqu'elle fut toilettée, corsetée, peignée, lorsqu'elle eut pris son petit-déjeuner, lorsqu'elle eut donné quel-

Das hatte der mit dem traurigen Gesicht gesagt, als er die Zügel des Leitpferdes aufnahm. Der andere fügte hinzu:

«Drinnen ist eine Gebrauchsanleitung, man weiß ja nie, es könnte Ihnen eine Hilfe sein ...»

«Ist schon recht!» ließ Framottet ungehalten fallen. Er fragte sich, wann diese beiden Dummköpfe ihn allein lassen würden mit dem, worauf er monatelang gewartet hatte und was nun endlich da war, hier bei ihm, für ihn allein.

Die beiden Männer warteten auf ein Trinkgeld, das nicht kam. Dann traten sie den Rückzug an, wischten sich den Schweiß von der Stirn, verabschiedeten sich murmelnd, stiegen auf ihr Fuhrwerk und fuhren langsam davon.

Hyppolite Framottet war aufgeregt wie ein Kind. Er wartete, bis das Gefährt und die Fuhrleute verschwunden waren, um dann ehrfürchtig und achtsam, ja fast andächtig den ersten Gurt, dann den zweiten und dritten, dann alle Gurte zu lösen. Sein Herz klopfte, und mit einer weitausholenden, geradezu theatralischen Gebärde riss er die riesige Plane hoch, sie flog wie ein Falke in den Himmel und sank dann mit einem raschelnden Geräusch auf den Boden. Als er jetzt zum ersten Mal im hellen Morgenlicht dieses schönen Sommertags das erblickte, was er bisher nur aus dem Katalog kannte, überfiel ihn ein nervöses Zittern. Der Hals schnürte sich ihm zu und ein paar Freudentränen quollen aus seinen Augenwinkeln. In seinem ganzen Leben war er nie so glücklich gewesen.

Als Madame Framottet, eine stattliche Dunkelhaarige, durch drei Schwangerschaften zusätzlich in die Breite gegangen, die Abwesenheit ihres Ehemanns bemerkte, war sie nicht allzu überrascht; sie war daran gewöhnt, dass er oft sehr früh in die Fabrik ging, sogar am Sonntag, sogar an Feiertagen, sogar an Geburtstagen.

Nachdem sie sich zurechtgemacht, geschnürt, frisiert, ihr Frühstück eingenommen, den Bediensteten und Kindermäd-

ques ordres au personnel et aux nurses, lorsqu'elle eut salué sa sœur, sa mère, elle sortit dans le parc afin d'y cueillir un bouquet de roses.

Il était un peu plus de huit heures. La chaleur déjà était accablante. Elle descendit les marches du perron, les yeux rivés sur ses pieds qu'elle avait un peu bancals afin d'éviter toute chute. Parvenue sur le gravier, elle regarda enfin devant elle, le vit, poussa un cri, faillit s'évanouir.

Hyppolite Framottet, dans son costume hivernal d'explorateur d'opérette, les yeux disparaissant derrière la buée accumulée dans ses lunettes gigantesques, le visage cramoisi et suintant de toute part, se tenait assis dans une automobile flambant neuve, aux roues hautes et noires, à l'allure d'énorme insecte, à l'élégance arachnéenne, ses mains gantées tétanisées autour du volant. On aurait cru une statue. Sur ses lèvres s'épanouissait un sourire béat. Il ne bougeait pas, n'était pas mort pour autant mais simplement heureux, heureux comme un enfant qui le jour de Noël a trouvé dans son chausson le jouet qu'il espérait depuis si longtemps.

Sa femme, à peine remise de ses émotions, fit le tour de l'automobile dont les cuivres rutilaient sous le soleil. « Mon Dieu, mon Dieu » ne cessait-elle de répéter. Puis regardant l'individu assis derrière le volant et qui souriait aux anges, elle lui dit « C'est bien vous Hyppolite ?

– Qui voulez-vous que ce soit ? » répondit Framottet sans perdre ni son sourire ni sa pose immuable.

« Mon Dieu … mon Dieu … » continuait l'épouse en tournant toujours autour de l'automobile. « C'est une vraie ? finit-elle par demander.

– Évidemment ! » répondit le mari grand seigneur, alors qu'en temps normal il aurait selon toute vraisemblance mouché sa femme par une remarque sèche.

chen Anweisungen erteilt und ihre Schwester und ihre Mutter begrüßt hatte, ging sie hinaus in den Park, um einen Strauß Rosen zu schneiden.

Es war kurz nach acht. Die Hitze war jetzt schon drückend. Sie ging die Stufen der Freitreppe hinab, die Augen auf ihre etwas unsicheren Füße gerichtet, um einen Sturz zu vermeiden. Unten auf dem Kiesweg hob sie wieder den Blick. Sie erblickte ihn, stieß einen Schrei aus und drohte in Ohnmacht zu fallen.

Hyppolite Framottet saß in seinem operettenhaften winterlichen Forscheranzug, die Augen verschleiert vom Dunst, der sich in seiner riesigen Brille gebildet hatte, mit hochrotem, schweißüberströmtem Gesicht in einem nagelneuen Automobil mit hohen schwarzen Rädern, das wie ein ungeheures Insekt von hochbeiniger Eleganz aussah, seine behandschuhten Hände um das Lenkrad gekrampft. Man hätte ihn für eine Skulptur halten können. Auf seinen Lippen lag ein seliges Lächeln. Er bewegte sich nicht, aber er war nicht tot, sondern ganz einfach glücklich, glücklich wie ein Kind, das zu Weihnachten das langersehnte Geschenk in seinem Strumpf findet.

Seine Frau, kaum von der Aufregung erholt, ging einmal um das Auto herum, dessen Kupferteile in der Sonne funkelten. «Mein Gott, mein Gott», wiederholte sie unaufhörlich. Dann schaute sie das selig lächelnde Wesen hinter dem Lenkrad an und fragte: «Sind das wirklich Sie, Hyppolite?»

«Wer sollte es denn sonst sein?» gab Framottet zurück, ohne sein Lächeln oder seine unbewegliche Haltung aufzugeben.

«Mein Gott ... mein Gott ...» fuhr seine Gattin fort und umrundete weiterhin das Automobil. «Ist es echt?» fragte sie schließlich.

«Ganz augenscheinlich!» erwiderte der Ehemann in hochherrschaftlichem Ton, während er normalerweise seine Frau wohl kurz abgefertigt hätte.

– « Allez, je vous prie, chercher les enfants, votre sœur et votre mère, le photographe ne va pas tarder, reprit-t-il.

– Le photographe ... ? murmura sa femme sans comprendre

– Allez, allez, vite ... »

Elle s'en alla, se retournant sans cesse, trébuchant sur la première marche. Framottet n'avait pas lâché son volant.

Il fallut calmer les deux aînés des enfants qui dansèrent autour de l'automobile en poussant des hurlements de jeunes sioux. Le petit, dans son landau poussé par Gertrude, la sœur de Madame Framottet, battait des mains et bavait sur sa chemise. La bellemère de l'industriel considéra l'objet avec terreur, refusa d'y monter, finit par se laisser tout de même convaincre mais garda une moue de dégoût que sa voilette rabattue parvenait à peine à dissimuler. Il lui avait toujours semblé que son gendre était un crétin, un crétin immensément riche certes, mais un crétin tout de même, et lorsqu'elle vit dans quel accoutrement il s'était mis, ses doutes se transformèrent sur le champ en une certitude inaliénable.

Le photographe arriva à l'heure. Il considéra l'engin en sifflant d'admiration. C'était pour lui aussi la première automobile qu'il voyait. C'était la première du bourg, la première du canton, la première de la région. Il plaça son trépied de telle sorte qu'il avait dans son objectif l'automobile de trois quarts. Tout avait été préparé minutieusement par Hyppolite Framottet sur un croquis qu'il avait fourni l'avant-veille au photographe. L'industriel détestait les surprises ainsi que le hasard.

Madame Framottet avait pris place à l'arrière avec les deux garçons, Edmond et Baptiste, qui avec leurs

«Gehn Sie doch bitte die Kinder holen und Ihre Schwester und Ihre Mutter, der Fotograf wird gleich da sein», fügte er hinzu.

«Der Fotograf ...?» murmelte seine Frau verständnislos.

«Gehn Sie schon, rasch ...»

Sie machte sich auf den Weg, wandte sich immer wieder um und fiel fast über die erste Stufe. Framottet hatte das Steuer nicht losgelassen.

Man musste die beiden älteren Kinder zur Ruhe mahnen, die mit Indianergeheul um das Automobil herumtanzten. Das jüngste, von Madame Framottets Schwester Gertrude im Kinderwagen geschoben, klatschte in die Hände und sabberte auf sein Hemdchen. Die Schwiegermutter des Industriellen betrachtete das Objekt voller Entsetzen, weigerte sich einzusteigen, ließ sich schließlich doch überzeugen, behielt aber eine Miene des Widerwillens, die auch der vor das Gesicht gezogene Schleier nicht verbergen konnte. Sie hatte immer schon den Eindruck gehabt, ihr Schwiegersohn sei ein Narr, ein unermesslich reicher Narr zwar, dennoch ein Narr, und als sie sah, in welche Montur er sich geworfen hatte, verwandelten sich ihre Mutmaßungen auf der Stelle in unbezweifelbare Gewissheit.

Der Fotograf kam pünktlich. Er musterte das Fahrzeug mit Pfiffen der Bewunderung. Auch er sah zum ersten Mal ein Automobil. Es war das erste des Ortes, das erste des Landkreises, das erste der Region. Er stellte sein Stativ so auf, dass er das Automobil in Dreiviertelansicht in seinem Objektiv hatte. Alles war von Hyppolite Framottet genauestens auf einer Skizze vorbereitet und dem Fotografen am Vorabend übergeben worden. Der Industrielle verabscheute Überraschungen genauso wie Zufälle.

Madame Framottet nahm hinten Platz mit den beiden Jungen, Edmond und Baptiste, die gleich mit den Finger-

ongles commençaient à graver leurs initiales dans le cuir gras des sièges. La belle-mère avait eu l'honneur de s'asseoir au côté du conducteur. Quant à la belle-sœur, un peu en retrait de l'automobile, elle tenait la poussette, et souriait à l'objectif. Il y eut un crépitement de magnésium que Framottet distingua comme un éclair au travers de la buée qui, grâce à ses lunettes étanches, lui servait d'univers. Puis les enfants crièrent hourra, tambourinèrent sur la banquette et réclamèrent de faire un tour. Le photographe s'en alla avec son matériel. Framottet ne voulait pour témoin de son grand bonheur que sa famille.

À 9 h 10 du matin, il enclencha le contact.

L' automobile toussa. Un nuage de fumée d'une puanteur stupéfiante sortit du moteur. Des vapeurs d'eau, d'huile et de pétrole montèrent dans l'air estival. Puis l'engin fut secoué comme un panier à salade par les trépidations du moteur. Les deux garçons chahutaient, tapaient du poing sur le dossier du conducteur. La belle-mère serrait les dents. L'épouse enfin conquise par la modernité arborait désormais le même sourire de bienheureux que son mari. Alors, Framottet, le cœur au bord de l'extase, desserra le frein et l'automobile bondit d'un coup, emportée par une vitesse frôlant les vingt-cinq kilomètres à l'heure. Le vent fouetta le visage de l'industriel et le rafraîchit. Les enfants chantaient et regardaient derrière eux le château s'éloigner. L'épouse s'était un peu raidie de peur. La belle-mère fermait les yeux. Framottet conduisait.

Grâce à ses lunettes, le plein jour d'été lui apparaissait comme une morne matinée de novembre, empêtrée d'un brouillard tenace. Il ne distinguait pas à deux mètres devant lui. Mais son bonheur, malgré cette quasi-cécité, atteignait à cet instant de tels sommets, que rien n'aurait pu l'altérer. Aussi, grisé par cette culmination des

nägeln ihre Initialen in das weiche Leder der Sitze zu ritzen begannen. Der Schwiegermutter wurde die Ehre zuteil, neben dem Fahrer zu sitzen. Was die Schwägerin betraf, die stand mit dem Kinderwagen etwas abseits und lächelte in die Kamera. Es gab ein Magnesiumgewitter, das Framottet wie einen Blitz im Dunst des durch die abgedichtete Brille entstandenen Universums wahrnahm. Dann schrien die Kinder «Hurra», trommelten auf den Sitz und verlangten nach einer Fahrt. Der Fotograf ging mit seiner Ausrüstung fort. Framottet wollte nur seine Familie als Zeugen seines großen Glücks haben.

Um 9 Uhr 10 vormittags betätigte er den Anlasser. Das Automobil hustete. Eine verblüffend stinkende Rauchwolke entwich dem Motor. Dämpfe aus Wasser, Öl und Benzin stiegen in den sommerlichen Himmel. Dann wurde das Fahrzeug durch die Erschütterungen des Motors wie ein Salatschwenker durchgerüttelt. Die beiden Jungen jubelten, hieben mit den Fäusten auf die Rückenlehne des Fahrers. Die Schwiegermutter biss die Zähne zusammen. Die Ehefrau, endlich von der Modernität überzeugt, zeigte bereits das gleiche glückselige Lächeln wie ihr Mann. Nun löste Framottet, der Verzückung nahe, die Bremse, das Automobil machte einen Satz und erreichte eine Geschwindigkeit von nahezu fünfundzwanzig Stundenkilometern. Der Wind schlug dem Industriellen ins Gesicht und kühlte es. Die Kinder sangen und sahen, wie das Herrenhaus sich hinter ihnen entfernte. Die Gattin versteifte sich etwas vor Angst. Die Schwiegermutter schloss die Augen. Framottet fuhr.

Dank seiner Brille erschien ihm das pralle sommerliche Tageslicht wie ein von zähem Nebel verhangener trüber Novembermorgen. Er sah nicht mehr als zwei Meter voraus. Aber sein Glücksgefühl erreichte trotz der Fast-Blindheit in diesem Augenblick solche Höhen, dass nichts ihm etwas hätte anhaben können. So antwortete er, durch solchen Höhenflug

sens, il répondit très légèrement à son épouse lorsqu'elle lui fit remarquer qu'il venait de quitter l'allée.

« Taisez-vous, lui dit-il, nous sommes si bien ... » Et tout cela d'une voix douce, totalement inhabituelle, une voix de bambin, de bambin heureux dans son brouillard.

Trois secondes plus tard, à l'instant où Hyppolite Framottet songeait que la vie était une bien belle chose et la technique, l'avenir de l'homme, l'automobile percuta de plein fouet le fût d'un orme trois fois centenaire. Framottet fut projeté vers le tronc et son visage s'écrasa contre l'écorce. Ses lunettes se brisèrent et les éclats de verre dessinèrent sur sa peau de sauvages géométries. Il se releva, sonné, abruti, petit homme tout nu chassé de son paradis. Sa belle-mère gesticulait dans l'herbe et geignait faiblement, se tenant le bras gauche, brisé net au niveau du cubitus. Sa femme suspendue à une branche basse ressemblait un gros linge qu'on aurait mis à sécher. Les deux garçons avaient roulé sans dommages dans l'herbe. Ils riaient comme des fous. Au loin, la belle-sœur accourait en poussant le landau. L'arbre n'avait rien. L'automobile neuve, quant à elle, ne faisait plus aucun bruit. Son devant avait épousé la forme du tronc, se lovant autour comme pour le protéger. Elle fumait légèrement. Il faisait toujours très beau. Un merle dans les frondaisons se mit à siffler un air joyeux.

Quelques jours plus tard, Hyppolite Framottet fit enterrer l'épave dans le fond du parc. Il jeta également dans la fosse la casquette, les montures des lunettes, les bottes, le pantalon, la veste et l'écharpe en peau de loutre. Il acheta à prix d'or le silence du photographe. Sa belle-mère jusqu'à sa mort ne lui adressa plus jamais la parole. Sa femme le battit froid durant des mois. Ses deux garçons reçurent bien des gifles dès lors qu'ils évoquaient ce radieux matin d'anniversaire.

der Sinne berauscht, seiner Gattin in heiterem Ton, als sie ihn darauf hinwies, er habe die Allee verlassen.

«Schweigen Sie,» sagte er, «es geht uns so gut …» Und das mit einer sanften, völlig ungewohnten Stimme, der Stimme eines Kindes, eines in seinem Nebel glücklichen Kindes.

Drei Sekunden später, genau in dem Augenblick, als Hyppolite Framottet dachte, das Leben sei eine wunderschöne Angelegenheit und die Technik sei die Zukunft des Menschen, prallte das Automobil mit voller Wucht an eine dreihundert Jahre alte Ulme. Framottet wurde gegen den Stamm geschleudert; sein Gesicht schlug auf die Rinde; seine Brille zerbrach, die Glassplitter zeichneten wilde Muster auf seine Haut. Er erhob sich, matt und benommen, ein nacktes, aus dem Paradies vertriebenes Männlein. Seine Schwiegermutter fuchtelte im Gras herum, jammerte schwach und hielt sich den linken Arm, der an der Elle glatt durchgebrochen war. Seine Frau hing an einem niedrigen Ast wie ein großes, zum Trocknen aufgehängtes Wäschestück. Die beiden Jungen waren ohne Schaden ins Gras gerollt und schüttelten sich vor Lachen. Den Kinderwagen vor sich her schiebend, kam die Schwägerin von weit herbeigeeilt. Der Baum war unversehrt. Was das neue Automobil betraf: es gab kein Geräusch mehr von sich. Seine Front hatte sich der Form des Stammes angepasst, es schmiegte sich wie zum Schutz um ihn herum. Es rauchte noch etwas. Der Tag war immer noch sehr schön. Im Geäst sang eine Amsel ein fröhliches Lied.

Einige Tage darauf ließ Hyppolite Framottet das Wrack im hintersten Teil des Parks begraben. Auch die Mütze, die Brillenfassung, die Stiefel, die Hose, die Jacke und den Schal aus Otterfell warf er in die Grube. Das Schweigen des Fotografen erkaufte er sich für sündhaft viel Geld. Seine Schwiegermutter sprach bis zu ihrem Tod nie wieder ein Wort mit ihm. Seine Frau zeigte ihm monatelang die kalte Schulter. Seine beiden Jungen steckten etliche Ohrfeigen ein, sobald sie den herrlichen Geburtstagsmorgen erwähnten.

Des années après l'incident, il y eut dans le monde du jouet une forte demande de modèles en bois représentant des automobiles, des camions, des voitures de pompiers. À la stupéfaction de tous, Hyppolite Framottet, pourtant d'ordinaire audacieux, entreprenant et visionnaire, ne voulut jamais que son usine se mît à fabriquer de semblables articles. D'ailleurs, lui-même ne se déplaçait qu'en tilbury tiré par deux canassons eczémateux alors que tous ses confrères roulaient depuis longtemps sur pneumatiques. Faute de s'engouffrer vers ce nouveau marché, l'usine Framottet périclita rapidement, dépassée qu'elle fut par la concurrence. Certains tentèrent bien de convaincre l'industriel de se plier aux nouveaux goûts du public, mais jamais il ne céda.

Hyppolite Framottet mourut en 1940, totalement ruiné. On le découvrit sur un banc de son parc qui ressemblait, faute d'entretien, à une véritable jungle.

Dans la poche intérieure de son veston, on trouva une photographie, jaunie et usée, qu'il s'était plu à regarder souvent, depuis des années, presque chaque soir, comme on regarde dans sa mémoire un beau rêve en allé et qu'on ne saisira plus jamais. L'image à force de manipulations s'était presque totalement effacée. On distinguait à peine les formes, les visages, les êtres présents, ce sur quoi il était assis. Seule la légende – « *Première automobile du bourg, juin 1906* » – était bien lisible.

C'était comme de mettre quelques mots sur un grand carré de blancheur, un vide parcouru par les traits indécis de fantômes perdus.

Ce n'était plus rien qu'une légende.

Jahre nach diesem Geschehnis gab es auf dem Spielzeugmarkt eine starke Nachfrage nach Holzmodellen von Automobilen, Lastwagen, Feuerwehrautos. Zur allgemeinen Verwunderung verweigerte der sonst mutige, zupackende und zukunftsorientierte Hyppolite Framottet stets die Fabrikation derartiger Artikel in seiner Fabrik. Er selber bewegte sich nur noch in einem von zwei ungepflegten Gäulen gezogenen Zweispänner fort, während alle seine Kollegen schon längst auf vier Rädern rollten. Framottets Fabrik wurde, da sie sich dem neuen Markt verweigerte, von der Konkurrenz überholt und ging rapide bergab. Manch einer versuchte den Industriellen zu überzeugen, sich dem neuen Geschmack des Publikums anzupassen, aber er gab nie nach.

Hyppolite Framottet starb 1940 völlig verarmt. Er wurde auf einer Bank in seinem Park entdeckt, der mangels Pflege zu einem wahren Urwald geworden war.

In der Innentasche seines Jacketts fand man eine vergilbte und abgegriffene Fotografie, die er seit Jahren gern und häufig, fast jeden Abend, angesehen hatte, so wie man in der Erinnerung einen schönen, vergangenen und nie wieder erreichbaren Traum betrachtet. Das Bild war vom vielen Anfassen fast ganz verblichen. Man konnte die Gestalten, die Gesichter, die abgebildeten Personen und worauf er saß kaum erkennen. Nur die Bildunterschrift – «*Das erste Auto des Ortes, Juni 1906*» – war gut lesbar.

Es war, als hätte man ein paar Worte auf eine große weiße Fläche geworfen, auf eine Leere mit vorüberhuschenden Gesichtszügen verlorener Geister.

Übrig blieb nur eine Legende.

Mariette Condroyer
Qu'as-tu fait de toi?

> « Il allait le plus lentement possible
> pour que son âme pût éventuellement
> rattraper son corps. » *Henri Michaux*

« Ce pied » n'était pas à lui. On lui avait mis, la greffe avait pris, mais que dire d'autre, le pied n'était pas à lui, le sien avait été déchiqueté après un accident, s'était éparpillé dans quelques fourrés.

On avait beau lui affirmer que tout était parfait, l'opération avait réussi, mais ce pied-là, il ne l'acceptait pas, et plus il le regardait, le touchait, le lavait, l'essuyait, plus il faisait des gestes normaux pour s'occuper de cette partie de lui-même, plus elle lui était hostile.

« Ce pied » qui n'était pas le sien avait des arrogances, des positions, des exigences, rien à voir avec un normal, il était agressif, sans cesse en état de subversion. Impossible de le faire entrer dans une chaussure, de lui mettre même une chaussette, il fallait l'attacher, le maltraiter pour qu'il obéisse et comme « ce pied » était différent, il fallait le différencier. Une chaussure spéciale par exemple, très spéciale, faite avec de grandes mesures, aucune raison de lui mettre une chaussure normale. Difficile de vivre ainsi, d'aller dans la rue avec ce pied rebelle, de le mettre dans la baignoire, dans la mer, de lui tailler les ongles, de lui faire monter les marches. Non, rien à faire, il ne pouvait ni dormir ni faire l'amour, « ce pied » se manifestait violemment par des douleurs extrêmes à l'instant suprême. Plus d'amour donc et un déséquilibre accentué, son autre pied se rapetissait, il y avait asymétrie maintenant.

Et son corps entier se trouvait agressé, rongé, le

Mariette Condroyer
Was hast du aus dir gemacht?

> « Er ging so langsam wie möglich, damit vielleicht die Seele den Körper einholen könne. » *Henri Michaux*

« Dieser Fuß » gehörte ihm nicht. Er war ihm transplantiert worden, die Transplantation war gelungen, aber was soll man sagen, der Fuß gehörte ihm nicht, seiner war bei einem Unfall abgetrennt worden, in irgendeinem Straßengraben verloren.

Nutzlos, ihm zu versichern, alles sei perfekt, die Operation sei gelungen, denn eben diesen Fuß akzeptierte er nicht, und je öfter er ihn betrachtete, anfasste, wusch, abtrocknete, je mehr normale Handgriffe er an diesem Teil seiner selbst verrichtete, desto feindlicher wurde er ihm.

« Dieser Fuß », der nicht seiner war, entwickelte Eigenwilligkeiten, Stellungen und Ansprüche, die mit einem normalen nicht zu vergleichen waren; er war aufsässig und leistete unentwegt Widerstand. Es war unmöglich, ihn in einen Schuh hineinzubekommen oder ihm auch nur einen Strumpf überzustreifen; er musste festgebunden und gebändigt werden, um zu gehorchen. Und da « dieser Fuß » anders war, musste man ihn auch anders behandeln. Zum Beispiel mit einem besonderen Schuh nach besonders großem Leisten – undenkbar, ihm einen normalen Schuh anzuziehen. Mühsam, so zu leben; mit diesem widerspenstigen Fuß auf der Straße zu gehen, ihn in die Badewanne zu bringen, ins Meer, ihm die Nägel zu schneiden, ihn zum Treppensteigen zu bewegen. Nein, nichts zu machen, weder Schlafen noch Liebesakt, « dieser Fuß » machte sich im Augenblick der höchsten Lust mit heftigen Schmerzen bemerkbar. Also keine Liebe mehr und ein deutliches Ungleichgewicht; sein anderer Fuß verkümmerte, er war jetzt schief.

Und sein ganzer Körper wurde befallen und gepeinigt, das

mal remontait le long de sa jambe, s'attaquait à son genou, à sa hanche, il fallait arrêter tout cela, il en était convaincu. Il aurait préféré n'avoir rien plutôt que ce membre greffé, ce vivant pas à lui, du vivant devenu ennemi qui dévorait le reste de son corps. Personne n'écoutait ses plaintes. On lui répétait, pour le rassurer, que sur le plan médical tout était parfait.

Aucune anomalie d'aucune sorte.

C'est sûr, on lui mentait.

Et surtout, ce qui avait renforcé l'hostilité qu'il avait pour cette partie de son corps rapportée, prise sur un autre, il ne savait quel autre, c'est que « ce pied » à chaque visite de contrôle à l'hôpital devenait docile, changeait de nature. Ce pied qu'on s'obstinait à dire sien n'obéissait qu'au chirurgien qui était allé le chercher Dieu sait où. En somme il n'y avait que le docteur V… qui le faisait tenir tranquille, ce pied n'avait quelques égards que pour celui qui l'avait tiré de l'oubli.

« Pas normale cette relation, ce devait être le résultat de quelque manigance, des accords secrets », pensait le patient, plus patient du tout, qui avait déjà passé des mois de rééducation, de douleurs, avait tout enduré pour être maître à bord, avoir un membre à lui, faisant partie intégrante de lui-même. Et c'est l'inverse qui se produisait. Pas de dialogue possible avec son corps si une partie trahit, s'échappe, n'écoute qu'un autre.

C'en était trop cette fois, il fallait s'en débarrasser. Tout serait mieux que cette vie-là, tout serait mieux.

Il fallait une rupture, un éloignement définitif, il devait se séparer de ce pied, le remplacer par une prothèse quelconque, une machine bien articulée. Quelque chose de non vivant qu'il manipulerait à sa guise.

Übel wanderte an seinem Bein hoch, griff Knie und Hüfte an, dem musste Einhalt geboten werden, davon war er überzeugt. Lieber hätte er gar nichts gehabt als diesen transplantierten Körperteil, dieses nicht ihm gehörende Lebewesen, das zum Feind wurde und seinen übrigen Körper auffraß. Niemand hörte auf sein Klagen. Zu seiner Beruhigung hieß es immer wieder, aus medizinischer Sicht sei alles perfekt.

Keine wie auch immer geartete Anomalie.

Es war klar, er wurde belogen.

Und was vor allem seine Feindseligkeit gegen diesen von einem ihm Unbekannten hinzugefügten Körperteil verstärkt hatte, war, dass « dieser Fuß » bei jeder Kontrolluntersuchung im Krankenhaus zahm wurde, seine Natur veränderte. Der Fuß, den man beharrlich seinen nannte, gehorchte nur dem Chirurgen, der ihn Gott weiß woher geholt hatte. Im Grunde konnte nur Doktor V. ihn ruhig halten, dieser Fuß nahm nur auf den Rücksicht, der ihn vor dem Vergessen bewahrt hatte.

« Das ist doch keine normale Beziehung, das ist das Resultat irgendwelcher Tricks und geheimen Einvernehmens », dachte der Patient ungeduldig, nachdem er monatelang Rehabilitation und Schmerzen, ja alles ertragen hatte, um wieder Herr im Haus zu sein, ein Glied zu haben, das ihm gehörte und ein Teil seiner selbst war. Doch das Gegenteil geschah : nämlich die Unmöglichkeit der Zwiesprache mit dem eigenen Körper, wenn ein Teil Verrat begeht, sich entzieht, nur auf einen anderen hört.

Jetzt wurde es ihm zu viel, er musste ihn loswerden. Alles besser als so ein Leben, wirklich alles.

Ein Bruch war nötig, eine endgültige Entfernung, er musste sich von diesem Fuß trennen, ihn durch irgendeine Prothese ersetzen, eine gut bewegliche Maschine. Etwas Nicht-Lebendiges, das er nach Belieben handhaben konnte.

Évidemment, malgré ses suppliques répétées, malgré ses plaintes, le chirurgien ne voulait rien entendre, aucun argument n'arrivait à le persuader d'enlever « ce pied », il était fier de sa greffe réussie, glorifiée dans tous les médias.

« Il faut du temps, du temps … Aucun rejet. Tout est parfait. Il faut du temps, du temps … »

Mais lui n'avait pas le temps. Il fallait donc agir différemment et trouver d'autres solutions pour se débarrasser de cette partie de son corps détestée.

Il lança un appel au secours sur Internet.

Les messages se succédèrent en réponse au sien en détresse. Toutes sortes de messages. Des chirurgiens du fin fond des steppes ou d'autres plus près des villes, tous lui proposaient leurs services et pouvaient lui rendre la tranquillité en l'amputant de ce pied hostile. Et d'autres suggestions à des fins publicitaires de fabricants de prothèses, messages aussi de handicapés compatissants, de vidéastes, de religieux. Il y avait de quoi s'amuser. Cela déchaîna un flot de folies. Il retint surtout celle d'un artiste …

Là, il y avait vraiment matière à s'éclater.

Un artiste avec une réputation internationale qui affolait les populations par son audace. Celui-ci lui présenta plusieurs projets plus ou moins extravagants dont celui d'un pied tout d'acier et de cuir, une œuvre pied sculpture, une prothèse à « effets » qui se continuerait sur la jambe, sorte de pied de sept lieues et ce n'était pas tout, cela ferait partie d'une « installation » avec vidéos, photos, et de nombreux effets virtuels, un vrai régal.

Pour lui tout était mieux que d'avoir ce pied ennemi, ce vivant phagocyte. Au moins il aurait de quoi s'émerveiller.

Mais l'artiste ne proposait pas que son œuvre … Il

Natürlich wollte der Chirurg trotz all seiner wiederholten Bitten und Klagen nichts davon hören, kein Argument konnte ihn davon überzeugen, « diesen Fuß » zu entfernen, er war stolz auf seine gelungene Transplantation, die in allen Medien hochgelobt wurde.

« Es braucht Zeit … es braucht seine Zeit. Keine Abstoßungserscheinungen. Es ist alles perfekt. Nur etwas Zeit … »

Aber er hatte keine Zeit. Also musste er anders vorgehen und andere Lösungen finden, um sich von diesem verhassten Körperteil zu trennen.

Er setzte einen Hilferuf ins Internet.

Auf seinen verzweifelten Aufruf kamen reihenweise Antworten der unterschiedlichsten Art. Chirurgen aus der hintersten Provinz wie auch aus Großstädten boten ihm ihre Dienste an, sie alle würden ihm mit der Amputation des feindlichen Fußes seinen Seelenfrieden wiedergeben. Andere Vorschläge bezogen sich auf Werbe-Aktionen von Prothesen-Herstellern, weitere kamen von mitfühlenden Behinderten, von Video-Künstlern und von religiös Gläubigen. Es war wirklich zum Lachen. Es gab eine Flut von verrückten Ideen. Die eines Künstlers behielt er im Kopf.

Das war wirklich ein Knüller.

Ein international bekannter Künstler, der die Leute mit seiner Kühnheit schockierte, unterbreitete ihm etliche mehr oder weniger ausgefallene Projekte, darunter einen Fuß ganz aus Stahl und Leder, ein Fuß-Skulptur-Kunstwerk, eine Prothese mit « Effekten », die am Bein weitergehen würde, eine Art Siebenmeilenstiefel – und das war noch nicht alles, dies sollte Teil einer Installation mit Videos, Fotos und vielen virtuellen Effekten sein, ein wahrer Augenschmaus.

Ihm erschien alles besser als diesen feindlichen Fuß, diese lebende Fresszelle zu behalten. Zumindest hätte er etwas, was ihm wieder Spaß machen würde.

Aber nicht nur sein Kunstwerk bot ihm der Künstler an …

se chargeait de tout, des frais de la clinique, des honoraires du chirurgien qui voulait bien le débarrasser de cette greffe qu'un autre avait eu tant de mal à réussir, et de toutes les dépenses pour le raccordement du vivant au mécanique, la machinerie de ce pied mobile, couleurs et mouvements. Il lui assurerait tous les à-côtés d'une « vie branchée », une vie confortable pendant des années, un contrat avec nécessité de se montrer dans des biennales, des documentas, dans les galeries, les musées, de participer à des shows, à des débats.

Et le marché fut conclu.

Quelle aventure, il avait toujours rêvé d'un tel dépassement de lui-même.

Pour l'opération et retrouver l'artiste, il fallait traverser l'Atlantique, il vit la ville amputée elle aussi de ses tours.

Et, dans cette ville, il se voua à l'art en somme en changeant de pied pour un autre superbe bien articulé avec des fantaisies en cuivre, sorte de patte d'insecte, une machine bien obéissante. Il y avait des pivots, des boulons, des points lumineux, des couleurs acides entourant l'astragale, et tout cela avait pris la place de ce membre greffé qu'il haïssait, tandis que cette machinerie « esthétique », cette partie de son corps, le faisait entrer dans une autre dimension.

Il était rassuré par l'artificiel, ce fragment de lui-même articulé qui produisait le meilleur effet, et par tout l'attirail autour qui faisait partie de son environnement pour chaque exposition. Comme un gros insecte, il se sentait épinglé dans sa boîte que le public nombreux admirait.

On tournait autour de sa personne pour détailler la performance. Une vidéo relatait toutes les phases de

Er würde sich um alles kümmern: die Krankenhauskosten, das Honorar für den Chirurgen, der ihm das Transplantat, das einem anderen nur mit großer Mühe gelungen war, wieder rückgängig machen würde, und alle Ausgaben für die Verbindung des Lebendigen mit der Mechanik, die Apparatur mit den Farben und Bewegungen eines gelenkigen Fußes. Er würde für alle Nebenkosten eines schicken gutsituierten Lebens über mehrere Jahre aufkommen, ihn durch einen Vertrag zu Auftritten auf Biennalen, Dokumentas, in Galerien, Museen, Shows und Diskussionen verpflichten.

Der Handel wurde abgeschlossen.

Was für ein Abenteuer! Er hatte schon immer von solch einem Über-sich-selbst-Hinausgehen geträumt.

Er musste für die Operation und das Treffen mit dem Künstler den Atlantik überqueren und sah die ihrer Doppeltürme beraubte Stadt.

Und dort, in dieser Stadt, widmete er sein Leben sozusagen der Kunst, indem er seinen Fuß gegen einen wunderbaren, gelenkigen, kupferverzierten Insektenfuß, eine richtig gehorsame Maschine tauschte. Es gab Drehgelenke, Schrauben, Blinklichter und schrille Farben ums Fersenbein herum; und das alles war an die Stelle des verhassten transplantierten Gliedes getreten, während die «ästhetische» Apparatur als Teil seines Körpers ihn in eine andere Dimension versetzte.

Die Künstlichkeit gab ihm Sicherheit, dieser eindrucksvolle bewegliche Teil seiner selbst ebenso wie der Aufwand, der drum herum bei jeder Ausstellung gemacht wurde. Er kam sich vor wie ein großes in einer Schachtel aufgespießtes Insekt, das von einem zahlreichen Publikum bewundert wird.

Man ging um ihn herum, um jedes Detail der Performance wahrzunehmen. Ein Video hielt alle Phasen der Entstehung von

la création depuis le début, l'opération jusqu'à la machinerie fluorescente, le bout de sa jambe s'animait.

Il y avait les commentaires de l'artiste, jeune homme doux et fragile, qui parlait de la *matière et du vivant*.

Le pied de sept lieues émettait un rayon bleu.

Tout se passait bien. Pourquoi sa vie avec ces quelques inconvénients serait plus difficile qu'une autre? Et l'artiste était si content de lui, il trouvait que c'était une de ses œuvres les plus réussies.

Décidément, il ne serait jamais plus le possesseur de cette partie de lui-même qui avait été d'abord remplacée par celle d'un autre, le «pied greffé», puis était devenue l'œuvre d'un autre, le «pied sculpture». Il se résignait, il gagnait bien sa vie, il était recherché, choyé, et pourtant inquiet certains soirs, il se trouvait lourd. Tarses, métatarses, ferrailles pesantes, il perdait un peu l'équilibre.

Cela n'a qu'un temps, après je m'occuperai de moi.

Mais cela ne se passa pas ainsi qu'il l'avait espéré car l'artiste, devant le succès, lui proposa de continuer son œuvre, de la parfaire. Il espérait remplacer une autre partie de son corps. Un bras et sa main par exemple, du même côté que le pied, pour une symétrie parfaite. Cette fois l'artiste suggérait pour la prothèse une autre matière, du verre, pas du fragile, du verre avec quelques luminosités intérieures, des fils de cuivre courant comme des veines, un bras pouvant bouger et une main saisissant des objets, traçant des lettres dans l'espace. Toute une scénographie était prévue. Cela serait présenté dans une pièce sombre, seules

Anfang an fest, von der Operation bis zum fluoreszierenden Apparat, der das Ende seines Beines in Bewegung setzte.

Es gab die Erläuterungen des Künstlers, eines sanften, empfindsamen jungen Mannes, der über *die Materie und das Lebendige* sprach.

Der Siebenmeilenfuß ließ einen blauen Strahl aufleuchten.

Alles ging gut. Warum sollte sein Leben mit diesen kleinen Unbequemlichkeiten schwieriger sein als ein anderes? Und der Künstler war zufrieden mit ihm, er hielt ihn für eines seiner gelungensten Werke.

Sicher, er würde nie wieder Besitzer desjenigen Teils seiner selbst sein, das erst als «Transplantationsfuß» eines anderen ersetzt und dann als «Fußskulptur» das Werk eines dritten geworden war. Er fand sich damit ab, er hatte ein gutes Auskommen, er war gefragt, wurde umsorgt; aber an manchen Abenden war er doch unruhig, er fühlte sich schwer. Fersen- und Mittelfußknochen, schwere Metallteile, er verlor ein wenig das Gleichgewicht.

Das dauert nur eine begrenzte Zeit, danach kümmere ich mich um mich selber.

Aber es kam nicht so, wie er es sich erhofft hatte, denn der Künstler schlug ihm wegen des Erfolgs vor, sein Werk auszuweiten und zu vervollkommnen. Er machte sich Hoffnungen, einen weiteren Teil seines Körpers zu ersetzen. Zum Beispiel, im Hinblick auf eine völlige Symmetrie, einen Arm und eine Hand auf der gleichen Seite wie der Fuß. Diesmal schlug der Künstler ein anderes Material für die Prothese vor, Glas, unzerbrechliches Glas mit einigen Lichteffekten im Inneren, Kupferdrähte, die wie Venen verliefen, ein Arm, den man bewegen konnte, und eine Hand, die Gegenstände greifen und Buchstaben in die Luft zu schreiben vermochte. Vorgesehen war eine ganze räumliche Inszenierung. Sie würde im Dunk-

seraient visibles les lettres et cette main de verre qui se déplacerait fluorescente dans le noir de la pièce.

Cinq métacarpiens et phalanges, fils d'acier.

«Il faudra que je réfléchisse», avait-il dit, mais c'était tout réfléchi, cette idée ne lui déplaisait nullement, être ainsi à la tête de tant de mécaniques, de lumières, de fragments plus rutilants les uns que les autres ! Il y avait de quoi s'émerveiller de soi-même.

«Il faudra que je réfléchisse», avait-il dit pour se faire prier un peu mais il était sûr d'accepter, les biennales l'amusaient, il y rencontrait toutes sortes de monde.

Et tout se passa fort bien comme la première fois. L'opération, la convalescence. Le créateur était aux petits soins pour lui et l'aidait à se familiariser avec cette nouvelle machinerie. Une symphonie d'articulations transparentes avec rouages ciselés. Il sentait son bras comme pris dans les glaces, son bras ne lui appartenait que s'il appuyait sur le bon levier. Cela demanda un certain temps quand même pour s'accoutumer aux manipulations, mais il fut très entouré, très choyé. Il était devenu un jeu. On appuyait sur un bouton et ses veines s'allumaient. Une lumière remontait du bout de ses doigts, circulait jusqu'à son coude, c'était une forêt de scintillements, aussi eut-il la «Une» des revues d'art. On l'interrogeait sans cesse sur le pourquoi, le comment et lui n'avait pas grand-chose à dire, les autres parlaient à sa place ... Il ne manquait de rien, il avait retrouvé une vie sexuelle normale, avec des femmes tout à fait normales, normales voulant dire : pas des femmes comme lui «œuvre d'art». Des femmes pas trop effrayées, flat-

len stattfinden, nur die Buchstaben und die sich fluoreszierend bewegende Glashand wären im Finsteren sichtbar.

Fünf Mittelhandknochen und Finger aus Stahldraht.

«Ich muss erst nachdenken», hatte er gesagt, obwohl das schon erledigt war. Die Idee, sich als Kopf von so viel Mechanik zu fühlen, von Licht, Einzelteilen, eines immer glitzernder als das andere, missfiel ihm keineswegs. Wahrlich genug Anlass, sich an sich selbst zu begeistern.

«Ich muss erst nachdenken», hatte er gesagt, um sich ein wenig bitten zu lassen, aber er war sich seiner Zusage sicher, die Biennalen machten ihm Spaß, er traf dort die unterschiedlichsten Leute.

Und alles ging genauso glatt wie beim ersten Mal. Die Operation, die Heilung. Der Künstler umgab ihn mit seiner Fürsorge und half ihm, sich die neue Apparatur zu eigen zu machen, eine ganze Symphonie durchsichtiger Gelenke mit ziseliertem Räderwerk. Sein Arm fühlte sich wie starres Eis an, er gehörte ihm nur, wenn er auf den richtigen Hebel drückte. Es dauerte doch eine Weile, sich an die Handhabung zu gewöhnen, aber er wurde sehr gut betreut und gepflegt. Er war zu einem Spielzeug geworden. Man drückte auf einen Knopf, und seine Venen leuchteten auf. Ein Licht wanderte von seinen Fingerspitzen zu seinem Ellenbogen hinauf, wie ein Wald von sprühenden Funken, das brachte ihn auf die Titelseiten der Kunstmagazine. Man fragte ihn immerfort nach dem Wie und Warum, und er brauchte nicht viel zu sagen, die anderen redeten an seiner Stelle … Es fehlte ihm an nichts, er hatte wieder ein normales Sexualleben mit ganz normalen Frauen, normal hieß: kein «Kunstwerk» wie er. Frauen, die nicht zu sehr abgeschreckt waren, eher geschmeichelt, und die sich sehr gut

tées plutôt et qui se débrouillaient très bien avec ses machineries à lui, elles en prenaient le plus grand soin …

N'était-il pas une curiosité esthétique? Cubitus plastique et acier.

Simplement quelquefois un miroir lui renvoyait son image, il se demandait: *Qu'as-tu fait de toi?* Mais cette pensée était si fugitive qu'il ne s'en inquiétait pas.

Il se voyait un peu voyageur sur orbite, l'environnement manquait de chaleur, il se sentait seul, des visiteurs il y en avait, mais sur les autres stands aucun compagnon, que des débris, des amoncellements de sable, de clous, de tubes, des enchevêtrements.

Il était le seul vivant à se prêter ainsi à l'« installation ». Mais il aimait bien, c'était son univers maintenant.

Et l'artiste lui passait tous ses plaisirs. Par cette extrême amabilité voulait-il signifier qu'il pensait le soumettre encore à sa volonté? Il se posait même des questions pour savoir ce qui pourrait maintenant aiguiser son imaginaire pour la création. L'artiste avait-il encore l'espoir de lui ravir une autre partie de son corps? Saurait-il lui résister? Il se sentait de plus en plus indéterminé, un peu de tangage, trop de vent dans les voiles.

Il allait de biennale en biennale, de musée en musée, de continent en continent, avec son pied articulé et son bras de verre aux veines de cuivre. Et cela donnait au reste de son corps un tout autre sens. Moitié peau, moitié carapace. Il n'était grinçant que d'un côté, partagé en deux. Quel drôle de corps, un côté rouages, et l'autre battement de sang, bouffées, sueurs froides.

anstellten mit seinen Apparaten, sehr sorgfältig damit umgingen …

War er nicht eine ästhetische Sehenswürdigkeit? Ein Unterarmknochen aus Plastik und Stahl.

Nur manchmal warf ein Spiegel ihm sein Abbild zurück, er fragte sich: *Was hast du aus dir gemacht?* Dieser Gedanke war jedoch so flüchtig, dass er ihn nicht weiter beunruhigte.

Er kam sich wie ein Weltraumreisender vor, der ganzen Inszenierung fehlte es an Wärme, er fühlte sich einsam. Es gab zwar Besucher, aber an den anderen Ständen keine menschlichen Gestalten, nur Trümmer, Sandhaufen, Nägel, Röhren, Gewirr.

Er war der einzige Lebende, der sich solchermaßen für eine « Installation » hergab. Aber doch: es gefiel ihm, das war jetzt seine Welt.

Auch erfüllte ihm der Künstler alle seine Wünsche. Ob er mit dieser außerordentlichen Freundlichkeit seine Absicht mitteilen wollte, ihm noch weiter seinen Willen aufzuzwingen? Er dachte sogar nach, um dahinterzukommen, was jetzt seine kreative Phantasie im Schilde führte. Hoffte der Künstler darauf, ihm noch einen Teil seines Körpers zu rauben? Würde er widerstehen können? Er fühlte sich zunehmend unentschlossen, leicht schlingernd, als hätte er zu viel Wind in den Segeln.

Er bewegte sich mit seinem gelenkigen Fuß und dem gläsernen Arm mit den Kupfervenen von Biennale zu Biennale, von Museum zu Museum, von Kontinent zu Kontinent. Das gab dem übrigen Körper einen ganz anderen Sinn: halb Haut, halb Panzer. Er war zweigeteilt, nur die eine Hälfte knirschte. Ein komischer Körper, auf der einen Seite Räderwerk, auf der anderen pulsierendes Blut, Hitzewallungen, kalter Schweiß.

Qu'as-tu fait de toi?

Il lui semblait pencher d'un côté, lourdeur mécanique. Il aurait dû se méfier. Cela faisait quelque temps qu'il se cramponnait pour ne pas tomber, il avait du vague à l'âme pendant ses poses immobiles. Un peu d'écume dans son paysage. Pas plus inquiet que cela, juste un peu d'écume … S'il n'y avait eu ce détail, cette lumière particulière qui changea tout. Un après-midi au soleil paille où l'air était d'une froideur de lame. Jamais il n'avait imaginé une telle rencontre, de celles qui vous précipitent dans le désespoir. Quelque chose de tout à fait inattendu. « La glace est de plus en plus fragile sous nos pieds. »

Et cela se produisit un après-midi éclatant, une sorte de ravissement, il aurait pu dire : une extase, mais celle-ci fut suivie d'une déprime absolue, de celles qui vous mènent au gouffre.

Une soirée entière, une nuit aussi et, au matin, c'en était fait de lui, la mort dans l'âme sans espoir de la chasser.

Cela se passa dans Florence, un après-midi d'escapade lente, il arrivait à se déplacer avec tout son attirail, il n'était lourd que d'un côté. Drôle de démarche, allure penchée. C'était un après-midi de vie normale, de visite de musées.

Et lui qui n'était plus du tout sensible aux villes d'art, qui n'aimait désormais que le vide laissé par les tours foudroyées, il ne voyait de la beauté que dans la destruction, dans l'acier calciné, s'était attardé quelque temps devant le *David* de Michel-Ange.

Il le connaissait bien sûr, mais cette fois il s'attarda plus longtemps que d'habitude. Un grand moment de

Was hast du aus dir gemacht?

Ihm schien, er neige sich zu einer Seite, Schwere der Mechanik. Er hätte misstrauisch werden sollen. Schon seit einiger Zeit musste er sich festklammern, um nicht zu fallen; wenn er bewegungslos posierte, befiel ihn Weltschmerz. Eine leichte Trübung in seinem Sichtfeld. Nichts wirklich Beunruhigendes, nur eine leichte Trübung ... Wäre nur nicht diese Besonderheit gewesen, dieses gewisse Licht, das alles veränderte! Ein Nachmittag mit strohgelber Sonne und schneidender Kälte. Ein derartiges Zusammentreffen, das einen in tiefste Verzweiflung stürzt, hatte er sich nie vorstellen können. Etwas völlig Unerwartetes. «Das Eis unter unseren Füßen wird immer dünner.»

Es geschah an einem strahlenden Nachmittag, eine Art Verzückung, er hätte es als Ekstase bezeichnen können, aber ihr folgte eine tiefe Niedergeschlagenheit, wie sie einen in den Abgrund führt.

Das hielt einen ganzen Abend lang an, auch die Nacht, und am Morgen war es um ihn geschehen, der Tod saß ihm im Gemüt, und es gab keine Hoffnung auf Besserung.

Es geschah in Florenz. Ein Nachmittag langsamen Ausbrechens, er schaffte es, sich mit seiner ganzen Ausstaffierung in Bewegung zu setzen, nur auf der einen Seite schwer. Ein seltsamer, schräggeneigter Gang. Ein Nachmittag seines normalen Lebens, mit Museumsbesuchen.

Und obwohl er überhaupt nicht mehr für Kunststädte empfänglich war, obwohl er eigentlich nur noch die von eingestürzten Hochhäusern zurückgelassene Leere mochte und das Schöne nur in der Zerstörung sah, verweilte er einige Zeit vor Michelangelos *David*.

Natürlich kannte er ihn, aber diesmal blieb er länger als sonst. Einen langen, ruhigen Moment hielt er fasziniert still.

calme et il ne bougeait pas, fasciné. Il était au pied de la falaise immense. Un abrupt de marbre, corps vivant et si lointain le visage. On avait beau le bousculer, il tenait à rester immobile au plus près de la statue, à garder une place auprès du corps lisse. Pouvait-il espérer ombre plus grande? Il avait trouvé son point fixe, plus question de s'éloigner.

S'il avait eu ce *David* comme compagnon de biennale, il se serait senti moins seul, protégé.

Il était en état de choc, ça arrive, ça peut arriver, mais lui ne s'attendait pas à ce grand vide en lui, cette défaillance. Vent du nord tout à coup. Tout s'éloigne et se rapproche à la fois.

Et le soleil cruel arrivait sur les fragments de son corps si bien mécanisés. Ce soleil n'avait pas d'égards pour lui, il le lacérait, cognait sans merci, pouvait détériorer les rouages, desserrer les écrous, il s'acharnait et brisait ses doigts de verre, et ce même soleil avec déférence effleurait le lisse du marbre, le réchauffait, prenait plaisir en s'attardant sur le cou, le sexe, la jambe de *David* et le rendait vivant.

Compara-t-il son corps rutilant et articulé à la statue de Michel-Ange? Compara-t-il toute sa machinerie, ses fragments articulés à celui qu'il avait devant lui? Non, en aucune manière ce n'était une appréciation esthétique, une référence culturelle.

Non, ce n'est pas qu'il compara, qu'il eut des considérations sur l'art, des réflexions profondes sur le beau, non pas du tout, il se lamentait simplement, de véritables plaintes.

Qu'as-tu fait de toi? revenait sans cesse. Il se sentait perdu, fatigué dans tous ses rouages, cette moitié de lui-même que de simples manettes actionnaient.

Er befand sich am Fuße des riesigen Felsens. Ein schroffer Marmorblock, ein lebendiger Körper und das Gesicht so weit entfernt. Auch wenn man ihn anrempelte, versuchte er bewegungslos der Statue so nahe wie möglich zu bleiben, einen Platz in der Nähe dieses glatten Körpers zu behalten. Konnte er einen größeren Schatten erhoffen? Er hatte seinen Fixpunkt gefunden, undenkbar, sich zu entfernen.

Wenn er diesen *David* als Biennale-Begleiter hätte, hätte er sich weniger einsam, behütet gefühlt.

Er befand sich in einem Schockzustand, das kommt vor, das kann passieren, aber er hatte nicht mit dieser großen inneren Leere, diesem Schwächeanfall gerechnet. Ein plötzlicher kalter Nordwind. Alles ist gleichzeitig fern und näher.

Und die grausame Sonne schien auf die hochmechanisierten Teile seines Körpers. Sie nahm keine Rücksicht auf ihn, peitschte ihn, schlug ohne Gnade auf ihn ein, vermochte das Räderwerk zu beschädigen, die Schrauben zu lockern, seine gläsernen Finger hartnäckig zu zermürben. Die gleiche Sonne strich ehrfürchtig über die Glätte des Marmors und erwärmte ihn, verweilte genussvoll auf *Davids* Hals, seinem Geschlecht, seinem Bein und verhalf ihm zum Leben.

Verglich er seinen blitzenden Gelenkkörper mit der Michelangelo-Statue? Seine ganze Apparatur aus beweglichen Teilen mit dem, den er vor sich hatte? Nein, auf gar keinen Fall war es eine ästhetische Bewertung, ein kultureller Bezug.

Nein, er verglich sich nicht, er stellte keine Kunstbetrachtungen an, keine tiefschürfenden Gedanken über das Schöne, nein, gar nicht, es war einfach ein Jammern, ein schieres Klagen.

Was hast du aus dir gemacht? war die ständige Wiederholung. Er fühlte sich verloren, erschöpft vom Räderwerk in seiner eigenen, von simplen Hebeln in Gang gesetzten Hälfte.

Qu'as-tu fait de toi?

Il se perdait dans un désespoir physique, une véritable douleur, lui moitié chair et moitié machine, à la jambe d'acier, à la main transparente, comment oserait-il approcher sa main de verre pour le toucher?

Peut-être pourrait-il simplement comme dans *L'Âge d'or* poser ses lèvres sur le pied de marbre lisse.

On l'en dissuada brutalement. Il s'agrippa pourtant, ne lâchait pas prise, s'acharna encore. Il voulait juste approcher ses lèvres …

On l'emmena de force. Il fallut toute l'indulgence des autorités pour que celui qu'ils appelèrent « le handicapé » pût regagner son hôtel.

Et personne n'arriva, cet après-midi-là, ni ce soir-là, à calmer ses douleurs.

Qu'as-tu fait de toi?

Il entreprit alors une sorte de travail de deuil sur lui-même qui ne dura qu'une soirée et une nuit entière. Ce fut long ces heures à tenir dans sa main son autre main de verre. Et au matin sa décision était prise, avec une certaine gaieté.

Il s'amusait encore de ce drôle de corps dont une partie avait été si généreusement éparpillée. La machinerie délicate qu'il était devenu se reflétait multiple et multicolore dans les miroirs de la salle de bains, en signe d'adieu.

Et puis difficilement, avec une lenteur extrême, tout déplacement lui demandant beaucoup d'efforts, comme si son *vivant* s'était rouillé d'un coup.

Il sortit de sa chambre, descendit les marches du grand escalier de l'hôtel, arriva jusqu'aux rives du fleuve et se laissa couler dans l'Arno.

Was hast du aus dir gemacht?

Er versank in physischer Verzweiflung, echtem Schmerz, der er doch halb Fleisch und halb Maschine war, Schmerz im stählernen Bein, in der durchsichtigen Hand, wie könnte er es wagen, seine gläserne Hand zur Berührung auszustrecken?

Vielleicht könnte er einfach, wie im Film *Das goldene Zeitalter*, seine Lippen auf den glatten Marmorfuß drücken.

Er wurde mit roher Kraft daran gehindert. Aber er klammerte sich fest, gab nicht auf, ließ nicht ab. Er wollte doch nur seine Lippen nähern ...

Man führte ihn gewaltsam weg. Nur durch die größte Nachsicht der Behörden gelangte er, den sie «den Behinderten» nannten, zurück in sein Hotel.

Niemand erschien an diesem Nachmittag und Abend, um seinen Schmerz zu lindern.

Was hast du aus dir gemacht?

Er unternahm nun eine Art Trauerbewältigung an sich selbst, die nur einen Abend und eine ganze Nacht dauerte. Es waren lange Stunden, in denen er mit der Hand seine andere, gläserne Hand festhielt. Am Morgen war sein Entschluss mit einer gewissen Heiterkeit gefasst.

Er lachte noch über seinen komischen Körper, von dem ein Teil so großzügig herumgestreut worden war. Die Badezimmerspiegel warfen die empfindliche Apparatur, die er geworden war, zum Zeichen des Abschieds vielfältig und vielfarbig zurück.

Es war mühsam, er war äußerst langsam, da ihm jede Fortbewegung große Anstrengung abverlangte, so als ob sein lebendiger Teil auf einmal eingerostet wäre.

Er verließ sein Zimmer, stieg die Stufen der großen Hoteltreppe hinab, kam zum Ufer des Flusses und ließ sich in den Arno gleiten.

Progression lente. Aucune précipitation, une avancée presque paisible dans le fleuve. Sur son pied de cuir et d'acier, il ne sentit pas le froid de l'eau, mais la trouva glacée sur la peau de son ventre.

Et sur le bras il y eut quelques remous, toutes sortes de bruits de tuyauteries, et sa main aux veines de cuivre, aux filaments d'acier dont l'artiste était si fier, se détraqua d'un coup, mauvaise qualité sans doute. Il n'avait rien à regretter en somme, ce n'était pas des phalanges pour la vie de tous les jours. Elles n'auraient fait illusion que dans les biennales, à condition de garder la pose longtemps.

Et le reste. Le vivant de sa personne ne fut l'histoire que de quelques secondes.

Les cheveux restèrent encore dans le vent puis disparurent dans l'eau du fleuve.

Langsames Vorwärtskommen. Keine Überstürzung, ein fast friedliches Vorangleiten im Fluss. An seinem Fuß aus Leder und Stahl spürte er die Kälte des Wassers nicht, aber er empfand sie als eisig an der Haut seines Bauches.

Am Arm bildeten sich einige Strudel und verschiedene Rohrgeräusche, und seine Hand mit den Kupfervenen und den Stahldrähten, der ganze Stolz des Künstlers, ging auf einmal kaputt – zweifellos von schlechter Qualität. Im Grunde gab es nichts zu bedauern. Das waren keine Finger für das wirkliche Leben. Sie würden nur auf den Biennalen Eindruck gemacht haben, wenn er die Pose beibehalten hätte.

Und der Rest. Bei seiner lebenden Hälfte handelte es sich nur um einige Sekunden.

Die Haare flatterten noch im Wind, dann verschwanden sie im Fluss.

Marie Desplechin
Garde à vue

Cécile a appelé Fabien au matin. Elle pleurait au téléphone, elle n'avait pas fermé l'œil de la nuit, Andréa n'était pas rentrée, elle n'avait pas téléphoné. C'était la première fois que la gamine disparaissait sans donner de nouvelles.

« Tu as appelé chez son père ?

– Il est au Mali.

– Chez tes parents ?

– Je ne veux pas les inquiéter. Si elle avait débarqué chez eux sans prévenir, je t'assure qu'ils m'auraient appelée.

– Ses copines ?

– Je n'en connais qu'une, elle n'est au courant de rien. »

Fabien a pris son scooter et il est allé chez Cécile. Elle sanglotait, il n'aimait pas l'idée de la laisser seule face au téléphone muet. Arrivé chez elle, il a commencé par déblayer la table de la cuisine, puis il a préparé du café. Un bol fumant dans les mains, il s'est assis à son côté tandis qu'elle appelait les hôpitaux. Aucun n'avait recueilli dans la nuit d'Andréa, quinze ans, cheveux noirs, peau noire, un mètre soixante-dix, française.

« Rassurée ? a demandé Fabien.

– Ça ne veut rien dire, a murmuré Cécile, peut-être qu'elle est morte.

– Pauvre conne, a dit Fabien, il a eu envie de la gifler, de la faire tomber de sa chaise et de lui coller deux claques. Maintenant, il faut prévenir les flics.

– Les flics ? »

Marie Desplechin
In Gewahrsam

Cécile rief Fabien gleich am Morgen an. Sie weinte am Telefon, die ganze Nacht hatte sie kein Auge zugemacht. Andréa war nicht nach Hause gekommen, sie hatte nicht angerufen. Es war das erste Mal, dass das Kind wegblieb, ohne sich zu melden.

«Hast du ihren Vater angerufen?»

«Der ist in Mali.»

«Bei deinen Eltern?»

«Die will ich nicht beunruhigen. Wenn sie unangemeldet bei ihnen aufgetaucht wäre, hätten sie mich bestimmt angerufen.»

«Ihre Freundinnen?»

«Ich kenn nur eine, die weiß von nichts.»

Fabien holte seinen Motorroller und fuhr zu Cécile. Sie hatte geschluchzt; die Vorstellung, sie mit dem stummen Telefon allein zu lassen, gefiel ihm nicht. Bei ihr zu Hause machte er sich als erstes daran, den Küchentisch aufzuräumen, dann goss er einen Kaffee auf. Mit einer dampfenden Schale in der Hand setzte er sich neben sie, während sie die Krankenhäuser anrief. In keinem hatte man in der Nacht Andréa aufgenommen, fünfzehn Jahre alt, schwarze Haare, schwarze Haut, ein Meter sechzig, Staatsbürgerschaft französisch.

«Beruhigt?» fragte Fabien.

«Das heißt noch gar nichts», murmelte Cécile, «vielleicht ist sie tot.»

«Dummes Luder», sagte Fabien und hatte Lust, sie zu schlagen, sie vom Stuhl zu stoßen und rechts und links zu ohrfeigen. «Jetzt müssen wir die Polizei benachrichtigen.»

«Die Polizei?»

Cécile a tourné vers lui des yeux éperdus. Il a baissé les siens, l'envie de la gifle n'était pas passée. Il a pris le téléphone et l'a posé sur la table devant elle.

« Vas-y, appelle. »

Cécile a composé le numéro. Elle bredouillait, répondait timidement aux questions qu'on lui posait à l'autre bout de la ligne, elle réfléchissait avant de se lancer, comme si elle passait un examen.

« Je suis sa mère, a-t-elle fini par dire et ses yeux se sont noyés. Oui, c'est ma fille », et elle a fondu en larmes.

Quand elle a raccroché, Fabien a approché sa chaise de la sienne et a posé le bras sur ses épaules.

« C'est fait, c'est bien. Ils rappelleront. En attendant, tu ne veux pas t'allonger et dormir un peu ? »

La tête de Cécile est venue se poser sur son épaule, menaçant de glisser sur son torse.

« Comment tu veux que je dorme ?

– Fais un effort. Prends un cachet. Il va falloir que j'y aille.

– Pourquoi ?

– Je travaille. Il y a des gens qui m'attendent. »

Fabien a serré Cécile contre lui, a juré sur sa tête qu'il n'avait pour Andréa aucune inquiétude majeure (elle aurait dormi chez une copine), a promis de revenir en fin de journée. Il a ramassé au sol le casque de son scooter et il a descendu l'escalier en courant. Dans la rue, c'était lui qui pleurait. Il n'aimait pas l'idée qu'Andréa puisse s'évanouir, toute une nuit. Il avait été trop con de lui offrir ce portable pour ses quinze ans. Pour l'usage qu'elle en faisait, il le lui reprendrait. Et il lui supprimerait l'argent de poche.

« Fabien, a dit Cécile sans même lui demander si elle le dérangeait (et elle le dérangeait), je l'ai retrouvée.

Cécile warf ihm einen verzweifelten Blick zu. Er senkte die Augen, die Regung, sie zu ohrfeigen, war noch nicht vergangen. Er nahm das Telefon und stellte es vor sie auf den Tisch.

«Mach schon, ruf an.»

Cécile wählte die Nummer. Sie stammelte, antwortete schüchtern auf die Fragen am anderen Ende der Leitung, überlegte jede Antwort wie bei einem Examen.

«Ich bin ihre Mutter», sagte sie schließlich, und ihre Augen wurden feucht. «Ja, es ist meine Tochter.» Sie brach in Tränen aus.

Als sie aufgelegt hatte, zog Fabien seinen Stuhl neben sie und legte ihr den Arm um die Schultern.

«Gut, das wäre erledigt. Sie werden zurückrufen. Willst du dich in der Zwischenzeit nicht hinlegen und etwas schlafen?»

Céciles Kopf an seiner Schulter drohte auf seine Brust zu rutschen.

«Schlafen? Wie stellst du dir das denn vor?»

«Gib dir Mühe. Nimm eine Tablette. Ich muss jetzt gehen.»

«Warum?»

«Ich arbeite. Es gibt Leute, die auf mich warten.»

Fabien drückte Cécile an sich, schwor hoch und heilig, dass er sich um Andréa keine großen Sorgen machte (sie habe gewiss bei einer Freundin übernachtet), und versprach, gegen Ende des Tages wieder zu kommen. Er hob den Motorroller-Helm vom Boden auf und rannte die Treppe hinunter. Auf der Straße war ihm nach Weinen zumute. Die Vorstellung, dass Andréa eine ganze Nacht lang verschwand, gefiel ihm nicht. Er war so blöd gewesen, ihr zum fünfzehnten Geburtstag ein Handy zu schenken. Wenn das der Gebrauch war, den sie davon machte, würde er es ihr wieder nehmen. Und würde ihr das Taschengeld streichen.

«Fabien», sagte Cécile, ohne sich zu erkundigen, ob sie störe (und das tat sie), «ich habe sie gefunden.»

– Elle est où ?
– Au dépôt.
– Comment tu le sais ?
– C'est le flic de tout à l'heure, celui que j'ai averti. J'ai dû lui faire pitié. Il s'est renseigné, il m'a rappelée. Elle sort demain. À onze heures.
– Et d'ici là ?
– Rien. Elle est en garde à vue.
– Pourquoi ?
– Elle a volé dans une grande surface. Je sais pas ce qu'on peut faire.
– Chercher un avocat.
– Avec quel argent ? Déjà que je ne peux pas payer l'électricité, comment tu veux que je paye un avocat ?
– C'est sûr que les choses seraient plus simple si tu travaillais. »
Cécile a soupiré dans le combiné, Fabien regrettait d'avoir dit ce qu'il pensait et qui n'était pour l'heure nécessaire à personne.
« Je fais des efforts, a reniflé Cécile, tu le sais que je fais des efforts… »
Il faisait nuit quand Fabien est repassé, à la sortie du travail, avant de rentrer chez lui. Cécile pleurait toujours vaguement. Elle avait pris des cachets, elle tenait des propos un peu incohérents. Ils ont ouvert une bouteille de vin blanc. Fabien a demandé à Cécile des nouvelles de sa famille. Il a proposé de chercher une pension où inscrire Andréa, dès l'automne prochain. Quand la bouteille a été vide, il est rentré chez lui.

À onze heures, il était devant le dépôt. Il a vu Cécile arriver, courant à demi, livide dans un manteau noir trop grand pour elle. Fabien a passé son bras sous le sien.
« Et pour ton travail ? a soufflé Cécile.

«Wo ist sie?»

«In Polizeigewahrsam.»

«Woher weißt du's?»

«Der Polizist von vorhin, dem ich das gemeldet habe. Er hatte wohl Mitleid mit mir. Er hat sich erkundigt und zurückgerufen. Sie kommt morgen raus, um elf.»

«Und bis dahin?»

«Nichts. Sie bleibt in Gewahrsam.»

«Warum?»

«Sie hat in einem Kaufhaus gestohlen. Ich weiß nicht, was ich tun soll.»

«Einen Anwalt suchen.»

«Von welchem Geld? Ich kann ja schon nicht den Strom zahlen, wie meinst du, dass ich da einen Anwalt zahlen soll?»

«Es wäre bestimmt alles einfacher, wenn du arbeiten gingest.»

Cécile stöhnte in den Hörer, und Fabien bereute, ausgesprochen zu haben, was er dachte und was im Moment niemandem nützte.

«Ich bemühe mich doch», schniefte Cécile, «du weißt, dass ich mich bemühe ...»

Es war Nacht, als Fabien nach der Arbeit auf dem Heimweg vorbeischaute. Cécile heulte immer noch vor sich hin. Sie hatte Tabletten genommen und redete zusammenhanglos. Die beiden machten eine Flasche Weißwein auf. Fabien fragte Cécile, was es Neues in der Familie gäbe. Er schlug vor, nach einem Pensionat zu suchen, wo man Andréa im nächsten Herbst einschreiben könnte. Als die Flasche leer war, ging er nach Hause.

Um elf Uhr war er vor dem Polizeigebäude. Er sah Cécile kommen, sie rannte fast, aschfahl in einem zu großen schwarzen Mantel. Fabien nahm sie am Arm.

«Und was ist mit deiner Arbeit?» sagte Cécile außer Atem.

– Je récupérerai demain. »

Ils attendaient, assis comme deux vieux sur un banc de bois, quand ils l'ont vue entrer, plus grande que la femme qui l'amenait, les menottes aux poignets, un hématome sur la pommette droite. Les yeux de Cécile se sont posés sur les poignets de sa fille, puis levés sur son visage.

« Andréa », a-t-elle murmuré, de grosses larmes coulaient le long de ses joues et dégoulinaient sur son col.

Andréa regardait sa mère avec une tendresse inquiète, comme une mère eût regardé sa fille.

« Lâchez-moi, a-t-elle dit à la femme qui la tenait par le bras. Lâchez-moi, je vous dis. »

Elle a eu un brusque mouvement d'épaules, la femme n'a pas lâché son bras. Elle a resserré son étreinte. Elle a dit :

« Tu veux y retourner ? T'as l'air d'aimer ça. Continue comme ça et je te fais un aller simple. »

Fabien a regardé la gamine. Elle était belle comme on l'est à quinze ans. Il regardait ses joues de petite fille et son regard d'enfant furieux. Il mourait d'envie de se jeter sur la femme, de lui arracher Andréa et de l'emmener avec lui.

« Du calme, a-t-il dit, assez fort pour être entendu. Andréa, du calme. »

Elle s'est tournée vers lui, elle ne l'avait pas encore aperçu, elle n'avait eu d'yeux que pour sa mère. En l'espace d'un instant, son visage s'est détendu et elle a souri, largement, comme s'il venait de lui offrir une glace.

« Oh ! a-t-elle fait. Fabien ! Tu es là ? »

« Mais puisque je te jure que je n'ai rien volé », disait Andréa.

Attablée devant un chocolat chaud, enfoncée dans

«Das hol ich morgen wieder rein.»

Wie zwei Alte warteten sie auf einer Holzbank sitzend. Sie sahen Andréa hereinkommen, größer als die Frau, die sie brachte, mit Handschellen an den Gelenken, einem blauen Fleck auf dem rechten Wangenknochen. Céciles Blick ging zu den Handgelenken ihrer Tochter, dann hinauf zu ihrem Gesicht.

«Andréa», flüsterte sie, dicke Tränen liefen ihr über die Wangen und tropften in den Kragen.

Andréa sah ihre Mutter mit einem zärtlichen, sorgenvollen Blick an, wie eine Mutter ihre Tochter.

«Lassen Sie mich los», sagte sie zu der Frau, die sie am Arm festhielt. «Loslassen, sag ich.»

Sie machte eine schroffe Bewegung der Schultern; die Frau ließ ihren Arm nicht los. Sie drückte noch fester zu und sagte:

«Du willst nochmal zurück? Da gefällt's dir wohl. Mach weiter so und ich verpass dir eine Fahrkarte ohne Rückfahrt.»

Fabien schaute das Mädchen an. Sie war so schön, wie man es mit fünfzehn Jahren ist. Er sah ihre runden Kleinmädchen-Wangen und ihren wütenden Kinderblick. Er verspürte ein heftiges Verlangen, sich auf die Frau zu stürzen, ihr Andréa zu entreißen und sie mitzunehmen.

«Ganz ruhig bleiben», sagte er, gerade so laut, dass man es hören konnte. «Andréa, ganz ruhig bleiben.»

Sie wandte sich ihm zu, bisher hatte sie ihn noch nicht bemerkt, hatte nur Augen für ihre Mutter gehabt. Im Nu entspannte sich ihr Gesicht und sie lächelte, ein offenes Lächeln, als hätte er ihr ein Eis spendiert.

«Oh!» brachte sie hervor. «Fabien! Du bist da?»

«Aber ich schwör dir, dass ich nichts gestohlen habe», sagte Andréa.

Vor ihrer Tasse heißer Schokolade sah sie in ihrem roten

son anorak rouge de Noël, elle avait la gouaille d'une lycéenne à la sortie des classes. C'est quand elle levait le nez de la vapeur bouillante qu'on remarquait l'hématome violet, au coin de l'œil. Fabien voyait malgré lui les ongles noirs, l'anorak maculé de traces grises. Deux nuits avaient suffi. Elle avait les cheveux emmêlés et les épaules voûtées d'une fille qui dort dans la rue.

« Personne n'a rien pris. Tout ce qu'ils ont trouvé, c'est d'accuser Laura d'avoir volé le CD qui était dans son discman. Comment elle l'aurait pris, avec toutes les sécurités qu'ils collent sur les emballages, je te le demande. Enfin… trois blacks qui entrent dans un magasin, à moins d'être en Chanel, tu peux être sûre que les vigiles vont les pister. Si elles sont jeunes, ils les emmerderont jusqu'à trouver quelque chose. À la fin, on était toutes les trois enfermées dans leur cave sordide, et les deux types hurlaient qu'il fallait qu'on se déshabille, qu'ils voulaient en avoir le cœur net. Tu crois, toi, qu'il fallait se mettre à poil ?

« Laura a commencé à gueuler, on s'y est mises toutes les trois. Ils ont appelé les flics. Vol et violences. On est montées dans le camion. Je ne savais pas que ça blessait, les menottes. Regarde mes bras, ils sont tout bleus. Dans le camion, c'était l'ambiance blague. ‹ Je me ferais bien faire une pipe. Tu ne trouves pas qu'elle a une bouche à tailler les pipes, celle-là ? Non mais t'as vu la bouche qu'elle a ? › Comme Laura râlait, ils l'ont couchée au sol, à plat ventre, allongée sous le banc. Moi, ils m'ont rabattu mon gilet sur la tête, pour qu'on ne voie pas ma figure, et ils ont serré le cordon. J'entendais toujours les blagues mais au moins je ne voyais plus les types. À la fin, ils se sont fatigués. Ils en avaient marre, ils ont mis la sirène pour rentrer

Weihnachtsanorak aus wie eine kecke Gymnasiastin nach Schulschluss. Erst als sie die Nase aus dem aufsteigenden Dampf hob, bemerkte man den violettblauen Fleck im Augenwinkel. Fabien sah trotz allem die schwarzen Ränder unter den Nägeln und die grauen Schmutzspuren auf dem Anorak. Zwei Nächte hatten gereicht. Ihre Haare waren verfilzt und die Schultern gebeugt wie bei einem Mädchen, das auf der Straße übernachtet.

«Niemand hat irgendwas genommen. Das einzige, was ihnen einfiel, war, Laura zu beschuldigen, die CD in ihrem Discman sei gestohlen. Wie hätte sie die nehmen sollen, frag ich dich, bei all den Diebstahlsicherungen, die sie auf die Verpackung kleben. Na ja … drei Schwarze, die in einen Laden kommen, wenn sie nicht gerade in Chanel gekleidet sind, da kannst du sicher sein, dass die Hausdetektive sie aufspüren. Wenn sie jung sind, werden sie so lange belästigt, bis man was gefunden hat. Schließlich waren wir alle drei in ihrem finsteren Kellerraum eingesperrt, und die beiden Typen brüllten rum, wir müssten uns ausziehen, sie wollten ganz sicher sein. Findest du, wir hätten uns nackt ausziehen sollen?

Laura begann zu toben, wir haben alle drei damit angefangen. Sie haben die Bullen gerufen. Diebstahl und Widerstand. Wir sind in den Mannschaftswagen gestiegen. Ich hab nicht gewusst, dass Handschellen wehtun. Sieh mal, meine Arme sind ganz blau. Im Wagen waren sie zum Scherzen aufgelegt. «Ich tät mir gern einen blasen lassen. Findest du nicht, dass die da den passenden Mund dazu hat? Also wirklich, hast du gesehen, was die für einen Mund hat?» Weil Laura brüllte, haben sie sie flach auf den Bauch gelegt, unter die Bank. Mir haben sie meine Jacke über den Kopf gezogen, damit man mein Gesicht nicht sieht, und die Schnur festgezogen. Ich konnte ihre Späße immer noch hören, aber immerhin musste ich die Typen nicht sehen. Schließlich wurden sie es leid. Es hat ihnen gereicht und sie haben das Blaulicht angemacht, um

plus vite. Au commissariat, je me suis cognée. Je ne voyais rien, je ne sais pas ce qui me cognait. Mais ils devaient trouver ça drôle, parce qu'ils riaient. Enfin, quelqu'un a détaché le cordon de ma capuche, et j'ai été interrogée. Un jeune qui tapait sur une machine vieille comme tout, avec ses deux index, à deux secondes à l'heure. Il allait si lentement que je me suis assise à côté de lui pour l'aider. Je lui donnais l'orthographe des mots.

« Le plus nul, c'est que j'ai fini par me déshabiller pour la fouille. Complètement à poil, avec une folle qui t'inspecte comme chez le docteur et qui te parle mal. J'aurais mieux fait de me foutre à poil devant les vigiles, j'en serais sortie plus vite. Je voulais t'appeler, je voulais t'appeler tout le temps parce que je savais que tu avais peur, mais on ne peut pas. Pas en garde à vue. ‹ Fallait réfléchir avant ›, c'est ce qu'on m'a dit de plus gentil. Je ne te dis pas le reste, parce que c'était vraiment moche, pour moi et pour toi. Après, j'ai attendu. La première nuit, je suis restée assise par terre dans la cellule du commissariat. La deuxième, assise par terre dans celle du dépôt. C'est tellement sale les commissariats. Même les bureaux sont dégueulasses, même les bureaux puent. J'ai pleuré presque tout le temps, parce que je pensais à toi, j'étais sûre que tu ne dormirais pas. Est-ce que tu as dormi ?

– Non. Pas avant de savoir où tu étais.

– Comment tu as fait, pour savoir ?

– C'est un flic qui m'a prévenue.

– J'en étais sûre, que tu ne dormirais pas. Moi non plus, je n'ai pas dormi. Et pourtant, c'était long. Juste avant de sortir, un type nous a encore posé des questions, dans une petite salle. Il avait l'air gentil, il nous a offert des clopes. Laura a fumé la sienne. ‹ C'est bien, a dit le type quand elle a écrasé son mégot. Maintenant ton père sait

schneller zurückzukommen. Im Polizeirevier hab ich mich gestoßen. Ich weiß nicht, woran, ich konnte nichts sehen. Aber sie fanden das wohl lustig, denn sie lachten. Schließlich hat jemand die Schnur von meiner Kapuze aufgemacht und ich wurde verhört. Von einem ganz Jungen, der auf einer uralten Maschine mit zwei Zeigefingern in Zeitlupe tippte. Es ging so langsam, dass ich mich neben ihn setzte, um ihm zu helfen, ich buchstabierte ihm die Wörter.

Das Mieseste war, dass ich mich zuletzt ausziehen musste, für die Durchsuchung. Bis auf die Haut, und eine Idiotin untersucht dich wie beim Arzt und redet dich blöd an. Da hätte ich mich besser vor den Hausdetektiven nackt ausgezogen, das wäre schneller vorbei gewesen. Ich wollte dich anrufen, die ganze Zeit wollte ich dich anrufen, ich wusste ja, dass du Angst hast, aber man kann es nicht. Nicht im Polizeigewahrsam. «Hättest du dir vorher überlegen können», das ist noch das Freundlichste, was man mir gesagt hat. Mehr sage ich dir nicht, weil das wirklich mies war, für mich und für dich. Danach habe ich gewartet. In der ersten Nacht hab ich in der Zelle im Polizeirevier auf dem Boden gesessen, in der zweiten auf dem Boden im Polizeipräsidium. Es ist so schmutzig bei der Polizei. Sogar die Büros sind eklig, sogar da stinkt es. Ich hab fast die ganze Zeit geweint, weil ich an dich dachte, ich war mir sicher, dass du nicht schliefst. Hast du geschlafen?«

«Nein. Nicht, bevor ich wusste, wo du warst.»

«Wie hast du es rausgekriegt?»

«Ein Polizist hat mich benachrichtigt.»

«Ich wusste genau, dass du nicht schläfst. Ich habe auch nicht geschlafen, obwohl mir die Zeit lang wurde. Kurz bevor wir rauskamen, hat ein Typ uns noch Fragen gestellt, in einem kleinen Raum. Er machte einen netten Eindruck und bot uns Zigaretten an. Laura hat eine geraucht. ‹Gut so›, hat der Typ gesagt, als sie den Stummel ausgedrückt hat.

que tu fumes. Je me demande si ça lui fait plaisir, je ne crois pas.› Comment elle aurait pu savoir que son père la regardait à travers une glace sans tain? Là, elle a pleuré. Le type avait l'air content. ‹Peut-être que t'as encore quelque chose à me dire? Peut-être qu t'as encore envie d'ouvrir ta grande gueule?› Moi, je savais que tu étais de l'autre côté du mur et je voulais tellement te voir que je n'arrivais pas à rester tranquille. Ils nous ont remis les menottes, bien serrées. Tu crois qu'ils le font exprès pour les parents, de menotter les enfants? Est-ce que je peux avoir un autre sucre pour mettre dans mon chocolat?»

«Tu veux que j'attaque quoi, exactement? a demandé Samira. Des blagues racistes? Des insultes sexistes? Des menottes trop serrées? Tu plaisantes, j'espère. Pour le moment, c'est eux qui portent plainte pour violence, et c'est ta fille qui passe devant le juge.

– Quelles violences? a murmuré Cécile. Elles ont quinze ans.

– Et alors?»

Samira a remonté ses lunettes sur l'arête du nez et elle s'est tournée vers Andréa.

«Que ça te serve de leçon: quoi qu'ils fassent, ils ont raison et tu as tort. Ils sont assermentés, ils font ce qu'ils veulent. Le truc, et je te le dis parce que je suis avocate, c'est qu'il ne faut jamais avoir affaire à eux. Tu m'entends, Andréa? Jamais.

– Oui mais on n'avait rien volé.»

Samira a levé les yeux au ciel.

«Ce n'est pas juste…»

Elle a tapé du poing sur la table.

«Peut-être, mais malheureusement c'est comme ça. La prochaine fois qu'on t'arrête, tu ouvres ton sac avant

‹Jetzt weiß dein Vater, dass du rauchst. Ich frage mich, ob ihm das gefällt, ich glaube nicht.› Wie hätte sie wissen sollen, dass ihr Vater hinter einer verspiegelten Glasscheibe zugesehen hat? Da musste sie tatsächlich weinen. Der Typ sah zufrieden aus. ‹Vielleicht hast du mir noch was zu erzählen? Vielleicht hast du Lust, dein großes Maul noch mal aufzureißen?› Ich dagegen wusste, du bist auf der anderen Seite der Mauer, und ich wollte dich so gern sehen, dass ich nicht still halten konnte. Sie haben uns die Handschellen wieder angelegt, ganz fest. Glaubst du, das machen sie extra für die Eltern: ihre Kinder in Handschellen? Kann ich noch ein Stück Zucker für meinen Kakao haben?»

«Was verlangst du von mir, was genau soll ich ihnen vorwerfen?» fragte Samira. «Rassistische Witze? Sexistische Beleidigungen? Zu enge Handschellen? Ich hoffe, du machst Scherze. Im Augenblick sind sie es, die Anklage wegen Widerstands erheben, und deine Tochter muss vor dem Richter erscheinen.»

«Welcher Widerstand?» murmelte Cécile. «Sie sind fünfzehn.»

«Ja und?»

Samira schob ihre Brille wieder hoch und wandte sich Andréa zu.

«Lass es dir eine Lehre sein: was auch immer sie machen, sie haben recht und du unrecht. Sie sind vereidigt und machen, was sie wollen. Der Trick ist, und das sage ich dir als Anwältin, man darf nie mit ihnen zu tun haben. Verstehst du, Andréa? Niemals.»

«Ja, aber wir hatten doch nichts gestohlen.»

Samira verdrehte die Augen zur Decke.

«Das ist ungerecht …»

Die Anwältin hieb mit der Faust auf den Tisch.

«Möglicherweise, aber leider ist das so. Wenn man dich das nächste Mal anhält, machst du deine Tasche auf, bevor sie dich

qu'on te le demande. Tu sors tout de suite tes papiers. Tu réponds poliment, sans avoir l'air de le prendre de haut, tu ne protestes pas. D'ailleurs, si j'étais toi, je ferais attention aux magasins où je mets les pieds. Et j'éviterais les grandes surfaces. En attendant, on va essayer de te sortir de là.

– Merci madame.

– Je t'en prie. C'est mon boulot. Je suis payée pour ça. »

Cécile a poussé sa grande fille devant elle. Elle a adressé à Samira un sourire timide et reconnaissant et elle a doucement refermé la porte derrière elle.

« Alors? a demandé Fabien en s'enfonçant dans son fauteuil.

– La gamine est mignonne. On va faire au mieux pour éviter le gâchis. Mais je ne te garantis rien. Tout dépend du juge.

– Je te dois combien?

– Tu verras avec le secrétariat. C'est le cabinet qui facture.

– Qu'est-ce que tu en penses?

– La même chose que toi. La lassitude en plus. Des histoires de ce genre, j'en ai dix en stock. Maintenant, pour la petite, c'est à elle de faire attention. Elle est noire, elle est jeune et elle a tendance à la ramener. Il faut qu'elle apprenne à avoir peur.

– C'est gai, a dit Fabien, et il a allumé une cigarette.

– Non, mais c'est comme ça. »

auffordern. Du holst sofort deine Papiere heraus. Du antwortest höflich, nicht von oben herab, und protestierst nicht. Übrigens, wenn ich du wäre, würde ich aufpassen, in welchen Laden ich reingehe. Und Kaufhäuser würde ich meiden. In der Zwischenzeit werden wir versuchen, dich aus der Sache rauszuholen.»

«Vielen Dank, Madame.»

«Gern geschehn. Es ist mein Job, dafür werde ich bezahlt.»

Cécile schob ihre große Tochter vor sich her. Sie richtete ein schüchternes und dankbares Lächeln an Samira und schloss die Tür leise hinter sich.

«Und?» fragte Fabien und lehnte sich in seinem Sessel zurück.

«Das Mädchen ist lieb. Wir werden unser Bestes tun, um Scherereien zu vermeiden. Aber ich verspreche dir nichts. Alles hängt vom Richter ab.»

«Wieviel bin ich dir schuldig?»

«Mach das mit dem Sekretariat aus. Die Kanzlei stellt die Rechnung.»

«Wie denkst du darüber?»

«Das gleiche wie du. Überdruss obendrein. Geschichten wie diese erlebe ich Dutzende. Jetzt muss die Kleine selber aufpassen. Sie ist schwarz, sie ist jung und sie neigt zur Aufmüpfigkeit. Sie muss lernen, Angst zu haben.»

«Das ist ja heiter», sagte Fabien und zündete sich eine Zigarette an.

«Na ja, heiter nicht, aber es ist nun mal so.»

Eugène Ébodé
Capitaine Messanga

Il y a trente-quatre ans de cela, je courais sur mes huit ans et gambadais encore au Pays des Crevettes … Mais il y a peu de temps, en assistant au sauvetage d'un baigneur pris dans un courant de baïne et dérivant au large, du côté de Soulac, en Gironde, je me suis souvenu de l'un de mes oncles restés au pays natal : Capitaine Messanga ! J'ai passé de belles heures en sa compagnie, notamment à la fin de l'année 1974, lorsque j'ai goûté les vacances les plus palpitantes de mon enfance et de mon adolescence réunies …

De toute la nombreuse progéniture de grand-père Zacharie Ébodé, dont les sept femmes avaient donné naissance à presque une cinquantaine d'enfants, la probabilité d'en oublier quelques-uns était grande pour nous, les petits-enfants du patriarche. Se prendre les pieds dans les tapis de la mémoire constituait notre fardeau commun quand il fallait nommer un parent sans se tromper. Les rebonds qui émaillaient les échanges de mes oncles et tantes lors des réunions et des événements familiaux, plus capricieux que mille sauterelles voltigeant dans un champ de patates, demandaient une attention et des connexions multiples. Il m'était arrivé, bien qu'averti, de me perdre dans le lacet des approximations, d'être lâché sur les cols vertigineux des dates et des références historiques. Se souvenir des surnoms, reconnaître les épouses légitimes des « djombas » (les maîtresses) n'était pas facile. Un exemple ! Saisir la vie tumultueuse de Mama Owandja, un oncle chanteur, homme à femmes, tour à tour comique et grave, conteur et bonimenteur, était aussi

Eugène Ébodé
Hauptmann Messanga

Es war vor vierunddreißig Jahren, ich war fast acht und hüpfte noch im Land an der Krabbenküste herum ... Doch kürzlich, als ich an der Gironde bei Soulac die Rettung eines Schwimmers miterlebte, der in eine Unterströmung geraten war und hinaustrieb, erinnerte ich mich an einen meiner Onkel in der Heimat: Hauptmann Messanga! Mit ihm habe ich schöne Stunden verbracht, besonders am Ende des Jahres 1974; das waren die aufregendsten Ferien meiner ganzen Kinder- und Jugendzeit ...

Bei der zahlreichen Nachkommenschaft von Großvater Zacharie Ébodé, dessen sieben Frauen an die fünfzig Kinder auf die Welt gebracht hatten, war für uns Enkel des Patriarchen die Wahrscheinlichkeit groß, einige zu vergessen. Unser aller Alptraum war, sich im Gewirr der Erinnerungen zu verheddern, wenn man einen Verwandten fehlerfrei beim Namen nennen sollte. Der feuerwerkartige Gedankenaustausch meiner Tanten und Onkel bei den familiären Treffen und Ereignissen, sprunghafter als tausend launische Heuschrecken in einem Süßkartoffelfeld, erforderte Aufmerksamkeit und vielfältige Verknüpfungen. Obwohl vorgewarnt, konnte es mir geschehen, dass ich mich im Netz der Andeutungen verfing und auf den schwindelnden Höhen der Daten und historischen Bezüge im Stich gelassen wurde. Es war nicht einfach, Spitznamen zu behalten und die legitimen Ehefrauen von den «djombas», den Geliebten, zu unterscheiden. Ein Beispiel: Das bewegte Leben des Onkels Mama Owandja nachzuvollziehen, Sänger und Frauenheld, mal komisch, mal ernsthaft, Geschichtenerzäh-

périlleux que d'inviter un alpiniste à escalader une paroi verticale et sévère sans corde de rappel. D'ailleurs, tout étranger à la tribu des Ébodé perdait rapidement et son pied et son Beti pour sombrer dans un profond gouffre d'incompréhension dès que trois ou quatre Ébodé décidaient d'évoquer l'un des leurs et de narrer ses exploits supposés ou réels. Il fallait aimer cette espèce de cacophonie. Je l'aimais ... Je goûtais les histoires. J'étais assidu à la fréquentation des conteurs tels que Ntsama Onana, Onguéné Manga, voire Karl Ébodé, mon père. Ils savaient dire. Ils disaient savoir ce qui plongerait à coup sûr leur auditoire dans les piscines du rire. J'attendais, je guettais le déclenchement de leurs joutes oratoires et appréciais finalement de vivre avec le souvenir de ces personnages hauts en couleur, tonitruants et suaves, hâbleurs, parfois épuisants, mais sympathiques. Il me plaisait de solliciter les vivants pour qu'ils évoquassent ceux qui, trop tôt disparus, avaient été prématurément soustraits à ma connaissance. Quelques oncles sont venus me rendre visite depuis que je vis en France, mais j'attends toujours le Capitaine ...

Il y a une semaine, juste après le surgissement des premiers francs rayons du soleil printanier, lorsque le thermomètre s'est mis à grimper pour flirter soudain avec les températures caniculaires, je suis allé chez les Chanteau, à Soulac. J'avais envie, à la sortie de l'hiver, d'aller chatouiller la plante des pieds de la mer ou risquer un doigt aventureux et joueur sous les aisselles de l'océan. La fièvre des retrouvailles, l'envie frénétique de lécher le dos salé de la mer peuvent conduire à l'imprudence et au drame. C'est bien ainsi qu'une bande de jeunes, surfant et délirant sur les vagues océanes, avaient échoué dans une zone dangereuse. Lorsque la

ler und Aufschneider, war genauso riskant, wie für einen Bergsteiger das Ansinnen, eine schwierige senkrechte Wand ohne Hilfsseil hinaufzuklettern. Jeder Fremdling verlor in der Ébodé-Sippschaft sowieso in einem tiefen Abgrund der Unverständlichkeiten den Boden unter den Füßen, sobald drei oder vier Ébodés beschlossen, sich über einen der Ihren und seine tatsächlichen oder vermuteten Heldentaten auszulassen. Diese Art Sprachgewirr musste man mögen. Ich liebte es ... Ich ergötzte mich an den Geschichten. Ich suchte den Umgang mit Erzählern wie Ntsama Onana, Ongué-né Manga und allemal Karl Ébodé, meinem Vater. Sie wussten sich auszudrücken. Sie wussten todsicher, wie sie ihr Publikum in einen Strudel des Lachens geraten lassen konnten. Ich wartete, lauerte auf den zündenden Beginn ihrer Rededuelle und genoss es später, mit der Erinnerung an diese farbigen Gestalten zu leben, die auftrumpfend und zartbesaitet, prahlerisch, manchmal anstrengend, aber immer sympathisch waren. Gern bat ich die Lebenden, die Erinnerung an all jene heraufzubeschwören, die zu früh verstorben waren und sich meiner Bekanntschaft entzogen hatten. Einige Onkel haben mich besucht, seit ich in Frankreich lebe, aber ich warte immer noch auf den Hauptmann ...

Vor einer Woche, bei den ersten hellen Frühlingssonnenstrahlen, als das Thermometer zu klettern begann, um sogar mit hochsommerlichen Temperaturen zu liebäugeln, fuhr ich zu den Chanteaus nach Soulac. Am Ende des Winters bekam ich Lust, das Meer an den Fußsohlen zu kitzeln oder spielerisch einen wagemutigen Finger unter die Achselhöhle des Ozeans zu schieben. Die Wiedersehensfreude, das wahnsinnige Verlangen, den salzigen Rücken des Ozeans auf der Zunge zu spüren, mögen zu Unvorsichtigkeit und Verhängnis verleiten. Auf diese Weise geriet eine Bande Jugendlicher, die begeistert in den Wellen des Ozeans surften, in einen gefährlichen Abschnitt.

noyade avait paru imminente et que ces enfants apeurés et hurlants avaient fait savoir que la baïne affamée venait de happer, d'aspirer et d'avaler, comme une gloutonne baleine, l'un de leurs compagnons de jeu, le plongeon instantané d'un soldat qui passait par là, et dont les galons tout neufs de maréchal de logis chef étincelaient sous le soleil, m'a remis en mémoire le geste de Capitaine Messanga. De tous mes oncles, il était celui qui avait produit en moi la plus forte impression et, curieusement, il est aussi devenu celui dont j'évoque rarement la mémoire.

Capitaine Messanga n'avait ni un physique fracassant ni cette allure volontaire qu'affectionnaient les Ébodé, hommes et femmes rivalisant dans cette posture. Ils faisaient aussi montre d'une intrépidité à toute épreuve grâce à laquelle, je crois, nombre de mes oncles, et même une tante, tata Madeleine Zouga, devaient leur rapide déroulement de carrière sous les képis. Capitaine Messanga avait aussi dans les yeux une lueur qui vous hypnotisait. Il était conscient de cette force particulière et même de ce pouvoir inné. Mais il n'en faisait ni un usage ostentatoire ni n'en tirait une espèce de suffisance ou de morgue. Il maintenait souvent ses paupières mi-closes, dissimulant généralement son regard perçant derrière un voile, comme un boxeur qui retient ses coups et qui use d'un jab, petit direct exécuté en piston, dont la répétition annonce la foudre ou prépare le jaillissement d'un uppercut dévastateur sur la pointe d'un menton ennemi.

Je dois aussi préciser un autre détail qui distinguait Capitaine Messanga des autres galonnés de la famille: il ne portait jamais l'uniforme lorsqu'il nous rendait

Als sie zu ertrinken drohten, versuchten sie voller Angst schreiend klarzumachen, dass die hungrige Strömung einen ihrer Spielkameraden geschnappt, anfgesaugt und verschluckt hatte wie ein gieriger Walfisch. Der spontane Kopfsprung eines vorübergehenden Soldaten, dessen frisch erworbene Unteroffiziers-Rangabzeichen in der Sonne glitzerten, rief mir die Tat des Hauptmanns Messanga ins Gedächtnis zurück. Von allen meinen Onkeln hatte er den nachhaltigsten Eindruck hinterlassen, und merkwürdigerweise ist er es dennoch, an den ich mich am seltensten erinnere.

Hauptmann Messanga besaß weder ein besonders eindrucksvolles Äußeres noch das von den Ébodés geschätzte energische Auftreten, in dem Männer und Frauen wetteiferten. Sie trugen allesamt eine unbeirrbare Furchtlosigkeit zur Schau, der, wie ich glaube, etliche Onkel und sogar eine Tante, Tantchen Madeleine Zouga, ihre rasche Karriere bei der Armee verdankten. Auch Hauptmann Messanga hatte ein unwiderstehliches Leuchten in den Augen. Er war sich dieser besonderen Stärke, ja sogar angeborenen Macht bewusst. Aber weder machte er davon prahlerisch Gebrauch, noch leitete er daraus so etwas wie Dünkel oder Hochmut her. Meist verbarg er seinen durchdringenden Blick unter halbgeschlossenen Lidern wie hinter einem Vorhang – einem Boxer gleich, der seine Schläge zurückhält und eine kurze Gerade wie einen Hammer einsetzt, deren Wiederholung ein Geprassel von Schlägen ankündigt oder das Hervorschießen eines vernichtenden Uppercut auf das Kinn des Gegners.

Ich sollte noch eine Einzelheit erwähnen, die Hauptmann Messanga von den anderen Militärs der Familie unterschied: Er trug nie seine Uniform, wenn er uns zu Hause

visite à la maison. On aurait dit qu'il en éprouvait une forme de gêne, à moins qu'il n'ait agi ainsi que dans le but de nous épargner le rite auquel nous soumettaient les autres officiers. Celui-ci était immuable. Dès que tintait à nos oreilles le bruit des décorations pendouillant sur le côté droit de la vareuse des officiers, nous nous rassemblions dans le salon, attendant comme des piquets, talons joints, mâchoires serrées et les bras bien collés le long de nos hanches, l'entrée toujours tonitruante d'un de nos oncles en képi ou l'irruption volcanique de notre tata Zouga, officière de police. À son propos, il ne fallait pas se fier à son pimpant rouge à lèvres et se laisser prendre dans les filets de son enveloppant sourire; à la moindre incartade, elle sévissait plus vite que les hommes ! Jugeait-elle nos cheveux un peu longs, et elle nous expédiait chez Effiong, le coiffeur. Remarquait-elle que quelqu'un n'avait pas le front assez haut, et elle infligeait une punition ! Tous ces officiers supérieurs (tante Zouga comprise) ou en devenir étaient taillés dans une espèce de roc, introuvable ailleurs, inoxydable et uniquement établi en pays Beti. Il n'y avait finalement qu'avec Capitaine Messanga et le commandant Athanase Messina que nous avions la paix !

Lors du fameux Noël 1974, je pensais d'ailleurs que nous retrouverions bientôt toutes ces têtes képitées lorsque ma mère, me prenant à part, me dit :

– Nous passerons Noël à Buéa, cette fois-ci.

– Chez tonton Capitaine? fis-je en écarquillant les yeux.

– Lui-même, me répondit ma mère. Qui d'autre veux-tu que nous allions voir à Buéa, si ce n'est Messanga? Il est de garde pour les fêtes. Il ne pourra pas se rendre à la réunion de famille et m'a demandé si

besuchte. Man hätte meinen können, er empfinde eine Art Hemmung, oder aber sein Verhalten sollte uns die Rituale ersparen, die die anderen Offiziere uns abforderten. Diese Rituale waren stets gleichbleibend: Sobald das Klappern der rechts auf der Offiziersjacke baumelnden Orden in unseren Ohren erklang, versammelten wir uns im Wohnzimmer und erwarteten in kerzengerader Haltung, Hacken geschlossen, Kinn am Kragen und Hände an der Hosennaht, den lautstarken Auftritt eines Onkels mit Offiziersmütze oder den vulkanartigen Einbruch von Tantchen Zouga, Offizier bei der Polizei. Was sie betraf, durfte man sich nicht von ihrem reizvollen Lippenrot täuschen und von ihrem einnehmenden Lächeln umgarnen lassen; beim geringsten Verstoß griff sie schneller als die Männer durch! Befand sie unsere Haare als etwas zu lang, schon schickte sie uns zu Effiong, dem Friseur. Bemerkte sie, dass jemand nicht aufrichtig war, schon hatte sie eine Strafe verhängt. Diese höheren Offiziere (Tante Zouga eingeschlossen), oder die es werden wollten, waren aus einer Art unverwüstlichem Fels gehauen, den man nirgends fand außer im Beti-Land. Letztlich ließen uns nur Hauptmann Messanga und Major Athanase Messina in Frieden!

An jenem denkwürdigen Weihnachten des Jahres 1974 dachte ich also, wir würden diese Uniformträger alle wiedersehen, als meine Mutter mich beiseite nahm:

«Diesmal werden wir Weihnachten in Buéa verbringen.»

«Beim Onkel Hauptmann?» rief ich und riss die Augen auf.

«Genau bei dem», erwiderte meine Mutter. «Wen denn sonst außer Messanga sollten wir in Buéa besuchen? Er hat an den Feiertagen Dienst. Zum Familientreffen kann er nicht kommen und er hat mich gefragt, ob wir einverstan-

nous sommes prêts à fêter la naissance du petit Jésus et la nouvelle année chez lui.

– Oh, chouette ! On va s'amuser ! Quand partons-nous, maman ?

– Dans trois jours …

Ces trois jours m'avaient paru longs. Buéa ! Je n'y avais jamais mis les pieds et pourtant la ville était à une centaine de kilomètres de Douala. Elle avait la particularité de se trouver sur la côte d'une part et d'être adossée au mont Crevette, lequel culmine à 4070 mètres.

– Oh, c'est trop top ! avais-je dit à mes frères et sœurs en allant leur porter l'heureuse nouvelle.

– Enfin, on verra peut-être tonton Capitaine en uniforme !

– Moa, ce que je veux, surenchérit l'une de mes sœurs, c'est de faire l'ascenseur du mont Crevette !

– Tu déchires toujours le français, toi ! On dit l'ascension, corrigea le grand-frère.

– Tu iras toute seule ! grommelai-je. J'ai envie d'aller me baigner dans l'Océan, moa !

– Toa ? Tu ne sais même po nager ! Alors, pouet, pouet !

– Pouet, pouet toi-même ! Chut, le dis surtout po à maman, grand-frère m'a emmené à la piscine de la Cité et m'a appris à nager !

– Yéééé, je vais le rapporter ! Ouais, vous, les garçons, vous êtes toujours ensemble, et nous, les filles, on n'a jamais le droit d'apprendre à nager ! Dis, Eugène, tu sais sortir la tête de l'eau ? Filer comme un poisson en battant les jambes et en avançant sans mettre la main ni un pied au fond de la piscine ?

– C'est fastoche ! Je fais même des brasses, je fais le papillon, je fais la planche !

den sind, die Geburt des Jesuskindes und Neujahr bei ihm zu feiern. »

« Oh, prima ! Das wird bestimmt lustig ! Wann fahren wir, Mama ? »

« In drei Tagen ... »

Diese drei Tage erschienen mir lang. Buéa ! Ich war nie dort gewesen, obwohl die Stadt nicht mehr als hundert Kilometer von Douala entfernt war. Das Besondere war ihre Lage, an der Küste zwar, jedoch am Fuß des 4070 Meter hohen Mont Crevette.

« Das ist doch supertoll ! » sagte ich zu meinen Geschwistern, als ich ihnen die freudige Nachricht überbrachte.

« Endlich werden wir Onkel Hauptmann vielleicht mal in Uniform sehen ! »

« Was ich will », trumpfte eine meiner Schwestern auf, « ist den Aufzug auf den Mont Crevette zu machen ! »

« Du immer mit deinem Französisch-Verhunzen ! Es heißt Aufstieg », verbesserte der große Bruder.

« Du kannst allein gehen ! » brummelte ich. « Ich habe Lust, im Ozean zu baden ! »

« Du ? Du kannst doch nicht mal schwimmen ! Also tüüt tüüt, brumm brumm ! »

« Selber tüüt tüüt ! Psst, sag es bloß nicht Mama, unser großer Bruder hat mich in die Badeanstalt mitgenommen und mir schwimmen beigebracht ! »

« Haaaah, das werd ich weitersagen ! Ja, ihr Jungs seid immer zusammen, und wir Mädchen dürfen nie schwimmen lernen ! Sag mal, Eugène, kannst du den Kopf über Wasser halten ? Wie ein Fisch gleiten und mit den Beinen schlagen und vorwärtskommen, ohne mit der Hand oder dem Fuß den Boden zu berühren ? »

« Das ist doch babyleicht ! Ich kann sogar Brustschwimmen, Schmetterling und wie ein Brett auf dem Wasser liegen ! »

– Là tu brasses surtout de l'air, Eugène ! À qui veux-tu faire avaler qu'on fait du repassage sur une piscine?

– Qui te parle de faire du repassage? Une planche, à la piscine, c'est po pour repasser les vêtements ! T'es une gourde !

– Assez ! avait tranché maman. Vous m'empêchez d'écouter les nouvelles des décès à la radio et surtout les affectations … Si Capitaine Messanga est envoyé ailleurs, il n'y aura pas de Noël à Buéa ! On croise les doigts, d'accord?

– Owé, oui, ma', oui momon chérie ! …

On avait donc croisé les doigts, écoutant religieusement les bulletins d'information pendant les derniers jours précédant notre départ. Fallait pas que Capitaine Messanga change de garnison !

Nous étions allés à Buéa par un soleil accablant, celui qui impose aux habitants de Douala d'ouvrir des parapluies pour se protéger du soleil. Il y avait une brume qui, durant tout le voyage, nous empêcha d'apercevoir le mont Crevette.

Le jour de notre arrivée, nous eûmes enfin le bonheur de voir Capitaine Messanga vêtu de sa vareuse verte, le képi et les décorations projetant des éclats de lumière autour de lui. L'après-midi même, nous étions allés saluer l'Océan, car il fallait, selon la tradition, lui rendre une petite visite pour qu'il ne lui vienne pas l'idée de « manger » un enfant de la famille. On lui porta un cadeau et maman alla remplir deux bouteilles et y enferma pieusement l'eau de l'océan Atlantique, aux teintes grises, couleurs du sable de la plage. Le soir, il y avait une fête au mess des officiers. Les adultes y allèrent, et nous, les enfants, nous restâmes dans la grande villa du capitaine sous la surveillance de nos aînés. Se-

«Jetzt kannst du hauptsächlich Schaum schlagen, Eugène! Wem willst du weismachen, dass man im Schwimmbad bügeln kann?»

«Wer redet denn von Bügeln? Ein Brett im Schwimmbad ist doch kein Bügelbrett! Du bist wirklich dämlich!»

«Genug!» entschied Mama. «Ihr stört mich; ich will die Trauerfälle im Radio hören und vor allem die Versetzungen. Wenn Hauptmann Messanga woanders hingeschickt wird, gibt es kein Weihnachten in Buéa! Wir drücken die Daumen, oder?»

«Klar doch, ja, Mama, natürlich, liebste Mama!» ...

Also drückten wir die Daumen und hörten während der letzten Tage vor unserer Abreise hingebungsvoll die Radio-Bulletins. Hauptmann Messanga durfte in keine andere Garnison versetzt werden!

Wir fuhren unter der sengenden Sonne nach Buéa, einer Sonne, die die Bewohner Doualas zwang, zum Schutz Regenschirme aufzuspannen. Während der ganzen Reise nahm uns der Dunst die Sicht auf den Mont Crevette.

Am Tag unserer Ankunft hatten wir endlich das Glück, Hauptmann Messanga in seiner grünen Uniformjacke zu sehen; seine Mütze und seine Orden versprühten Lichtblitze. Noch am selben Nachmittag gingen wir den Ozean begrüßen, denn traditionell musste man ihm einen kleinen Besuch abstatten, damit er nicht auf den Gedanken kam, ein Kind der Familie zu «fressen». Wir brachten ihm ein Geschenk, und Mama füllte andächtig zwei Flaschen mit Atlantikwasser, in Grautönen wie der Sand des Strandes. Am Abend gab es ein Fest in der Offiziersmesse. Die Erwachsenen gingen dorthin, und wir Kinder blieben unter der Aufsicht der älteren Geschwister in der großen Villa des Hauptmanns. Er hatte uns die Erlaubnis gegeben,

lon l'autorisation du Capitaine nous avions accès au bar et nous pûmes nous servir à volonté. Je suivis l'exemple de mes frères et, délaissant les jus de fruit, nous sautâmes sur les alcools dont les rasades ingurgitées avec précipitation nous tournèrent délicieusement la tête.

Le lendemain, nous eûmes la surprise, au réveil, en ouvrant nos fenêtres, de nous trouver presque nez à nez avec le majestueux mont Crevette. Il se dressait en effet à deux pas, et la brume qui le recouvrait la veille avait disparu. Dehors, dansant et chantant, nous nous étions adressés à notre oncle :

– Capitaine tonton, euh, tonton Capitaine, on peut aller se promener sur le mont ? fis-je.

– Pas toa, moa, grogna ma sœur aînée ! Toa, c'est la meur !

– Crie po ! La meur, la meur, la meur ! Vais ousque je vieux !

– Je veux, mon vieux, tu crois que tu causes mieux que moa ?

Nous abandonnant à nos querelles, Capitaine Messanga chauffait déjà une Jeep. Il klaxonna bientôt et nous ne nous fîmes pas prier pour le rejoindre.

La balade commença donc sur le mont. Nous pûmes découvrir sa magnifique flore, ses fleurs de jais, ses plantes herbacées aux feuilles d'une épaisseur singulière et aux couleurs limpides. Nous y avions croqué de grosses et juteuses goyaves dont les saveurs jusqu'alors inconnues augmentèrent nos appétits. Quand vinrent les cerises sauvages, nous faillîmes nous évanouir de contentement. Nos lèvres, nos mentons ruisselaient de jus de fruit et tachaient nos vêtements. Maman allait se fâcher sûrement ! Nous étions aux anges en redescendant vers la plaine lorsque tout se

uns an der Bar nach Herzenslust zu bedienen. Ich folgte dem Beispiel meiner Brüder, wir verschmähten die Fruchtsäfte und stürzten uns auf den Alkohol, der, in kräftigen Schlucken hinuntergegossen, uns wunderbar den Kopf verdrehte.

Als wir am folgenden Morgen die Fenster aufschlugen, fanden wir uns zu unserer Überraschung fast Aug in Aug mit dem majestätischen Mont Crevette. Er erhob sich nur ein paar Schritte von uns entfernt – der Dunst des Vortags hatte sich aufgelöst. Wir tanzten und sangen draußen herum und wandten uns an unseren Onkel:

«Hauptmann Onkel, eh, Onkel Hauptmann, können wir einen Spaziergang auf den Berg machen?» fragte ich.

«Du doch nicht, ich!» murrte meine älteste Schwester. «Für du ist das Möör!»

«Schrei nicht so! Das Möör, das Möör, das Möör! Geh wohin ich woll!»

«Ich will, du Dummkopf, du glaubst wohl, du quatschst besser als ich?»

Hauptmann Messanga überließ uns unserer Streiterei und holte bereits seinen Jeep. Er hupte, und wir ließen uns nicht zweimal bitten, einzusteigen.

Es begann also der Ausflug auf den Berg. Wir lernten die wunderbare Pflanzenwelt dort kennen, die samtschwarzen Blumen, die Pflanzenteppiche mit ungewöhnlich fleischigen und zartfarbenen Blättern. Wir bissen mit Genuss in dicke, saftige Guaven, deren uns unbekannter Geschmack unseren Appetit noch steigerte. Als wir zu den wilden Kirschen gelangten, schwanden uns vor Begeisterung fast die Sinne. Der Saft rann uns an Lippen und Kinn herunter und hinterließ Flecken auf unserer Kleidung. Mama würde bestimmt ärgerlich werden! Während unserer Rückfahrt hinab in die Ebene schwebten wir im siebten Himmel, als plötzlich alles

gâta et notre paradis à peine entrouvert nous plongea en enfer.

Un grésillement se fit d'abord entendre dans le poste de transmission du capitaine. Puis, s'élevant au-dessus du gargouillis initial une voix excitée claqua :

– Capitain' Capitain', malfarat, malfarat recherché en vue, malfarat !

– Malfrat ! susurra le Capitaine.

– Oui, malfrata, pardon, thief-thief, violeur ! Malfacteur en vue et en fuite ! Y tourne kilomètre trois, y fonce, accès mer ! kilomètre trois, accès mer !

Le Capitaine braqua brusquement son volant et nous basculâmes à gauche, tanguâmes à droite. Et la course commença.

– Malfarat tire ! Lui, nous fusiller ! malfarat armé, grésilla la radio. Him mamie pima ! Sa maman …

– Planquez-vous ! lança le Capitaine en direction de son poste. Les enfants, ajouta-t-il à notre intention, couchez-vous !

On se coucha au moment où les coups de feu se rapprochèrent. Un impact vint s'écraser sur la vitre du 4 x 4. Elle était blindée et ne vola pas en éclats. Je claquais des dents. Une voix féminine, fluette, plaintive, dit entre reniflements, morve pendante et bave aux lèvres :

– Che feux foir momon !

– Couchée, Eyenga ! tonna tonton.

Ma sœur s'aplatit. Nous essuyâmes les coups de fusil d'une voiture qui roulait à tombeau ouvert devant nous et que suivait le Capitaine. Elle bifurqua de nouveau. Nous bifurquâmes. Elle roula droit. Nous roulâmes vers elle. Elle tirait. Capitaine dégaina. Puis la voiture des malfrats perdit soudain le contrôle et, sur

zusammenbrach und wir vom kaum erspähten Paradies in die Hölle stürzten.

Zuerst ließ sich ein Rauschen im Funkgerät des Hauptmanns vernehmen. Dann bellte durch das Anfangsgegurgel eine aufgeregte Stimme:

« Haupmann, Haupmann, Wabrecha, gesuchter Wabrecha gesehen, Wabrecha ! »

« Verbrecher », flüsterte der Hauptmann.

« Ja, Werbrecha, Verzeihung, Thief-thief, Vergewaltiger ! Wabrecha in Sicht und auf Flucht ! Dreht Kilometer drei und saust Richtung Meer ! Kilometer drei Richtung Meer ! »

Der Hauptmann riss das Lenkrad herum, und wir wurden nach rechts und links geschleudert und geworfen. Die wilde Jagd begann.

« Wabrecha schießt ! Er – uns erschießen – Wabrecha bewaffnet », knisterte das Funkgerät. « Him Mamie pima ! Seine Mama ... »

« Geht in Deckung ! » rief der Hauptmann in Richtung Funkgerät, und an uns gewandt: « Und ihr Kinder, flach auf den Boden ! »

Wir waren gerade unten, als die Schüsse näherkamen. Ein Geschoss prallte auf die Windschutzscheibe unseres Allrads. Sie war gepanzert und zersplitterte nicht. Ich klapperte mit den Zähnen. Ein klagendes weibliches Stimmchen ließ sich zwischen Rotz Hochziehen und Sabbern vernehmen:

« Will meine Mama ssehen ! »

« Runter mit dir, Eyenga ! » verdonnerte sie der Onkel.

Meine Schwester legte sich flach hin. Wir bekamen die Gewehrschüsse aus einem Fahrzeug ab, das in halsbrecherischer Geschwindigkeit vor uns fuhr, vom Hauptmann verfolgt. Es scherte aus und wir ebenfalls, es fuhr geradeaus, wir kamen näher. Es begann zu feuern, der Hauptmann zog seine Waffe. Dann verlor das Banditen-Auto plötzlich die

une portion pentue, roula dans un ravin et tomba dans l'eau ! L'Océan ! Crissements de pneus. Nous nous arrêtâmes. Nous étions tous vivants. Sortant de la voiture qui coulait, des têtes apparurent. Deux. Une rejoignait visiblement la berge, pendant qu'une autre s'enfonçait dans l'eau. Un homme fuyait, un autre se noyait. Une main appelait au secours, la main d'un des truands. La main battait l'eau. L'homme à qui elle appartenait s'enfonçait, le glou-glou-glou de l'eau qu'il buvait était perceptible de l'endroit où nous nous trouvions. D'autres crissements de pneus se firent entendre à côté de nous : des gendarmes ! S'adressant au Capitaine, ils s'écrièrent :

– Patron, ça va ? A real fire-gun. Votre véhicule cadavéré ?

Alors qu'on lui parlait, Capitaine Messanga, un œil sur l'Océan dit à ses hommes : « Occupez-vous du fuyard et des enfants ! », et il se jeta à l'eau. Il alla arracher aux griffes de la mort, en deux ou trois brasses, le malfrat qui nous avait tiré dessus ! Le réveillon de Noël avait lieu le lendemain et les animations et les surprises ne faisaient que commencer.

Kontrolle, fuhr an einer steilen Stelle in eine Schlucht und stürzte ins Wasser. Der Ozean! Räderknirschen. Wir hielten an. Wir waren alle am Leben. Aus dem sinkenden Auto tauchten Köpfe auf. Zwei. Einer erreichte ganz offensichtlich die Uferböschung, während der andere unter Wasser geriet. Ein Mann floh, ein anderer ertrank. Eine Hand bat um Hilfe, die Hand des einen Banditen. Die Hand schlug im Wasser um sich. Der Mann, zu dem sie gehörte, ging unter, das Gluckern des von ihm verschluckten Wassers konnten wir bis zu der Stelle hören, wo wir uns befanden. Weitere Räder knirschten neben uns: die Polizei! Sie riefen dem Hauptmann zu:

«Chef, alles in Ordnung? A real fire-gun. Ihr Fahrzeug geschrottet?»

Während man auf ihn einredete, sagte der Hauptmann, den Ozean im Auge behaltend, zu seinen Leuten: «Kümmert euch um den Flüchtigen und um die Kinder!» und stürzte sich ins Wasser. Mit zwei oder drei Schwimmstößen entriss er den Verbrecher, der auf uns geschossen hatte, den Klauen des Todes. Das Weihnachts-Festessen fand am nächsten Tag statt und die Unternehmungen und Überraschungen fingen erst an.

Philippe Lacoche
Un bon voisin

J'ouvris la fenêtre pour laisser rentrer Édouard. Il s'avança vers moi, en roulant légèrement les épaules, le pas lent, tranquille et bien assuré de celui qui n'en fait qu'à sa tête. On eût dit un petit lion.

« Magne-toi, Édouard ! fis-je, excédé. J'ai les produits frais à décharger de la camionnette. »

Il me contempla de ses grands yeux clairs ; mon épouse prétendait que la Nature l'avait doté du regard de Johnny Hallyday. Cette affirmation singulière recelait une bonne dose de vérité.

« Tu viens, oui ou non ? »

Il se rapprocha un peu plus ; je me baissai vers lui. Il cogna quatre fois sa grosse tête de matou castré contre mon front d'épicier. Il sentait bon, le foin coupé, la terre retournée.

C'était au milieu de l'après-midi. Une petite lumière d'automne baignait la cour, et faisait briller les feuilles cuivrées de la vigne vierge. Le zinc du toit en pente était tiède ; Édouard me fit comprendre qu'il souhaitait continuer à y réchauffer sa grosse panse douce et claire. Il s'enroula autour d'un rayon fade, et tomba brutalement en somnolence comme un cheveu sur la soupe.

« Fainéant ! » maugréai-je, envieux mais souriant.

Je m'apprêtais à refermer la fenêtre lorsque je l'entendis tousser. Une quinte énorme, terrible, terrifiante, quasi phtisique ; un ouragan expulsé par une poitrine en peau de tambour qu'on eût dit capable de déclencher un vent mauvais. Cette toux catastrophique parvint même à réveiller Édouard, réputé pour la qualité de son sommeil.

Philippe Lacoche
Ein guter Nachbar

Ich öffnete das Fenster, um Édouard hereinzulassen. Er kam mit leicht wiegendem Schritt auf mich zu, mit dem langsamen, gesetzten und selbstsicheren Gang desjenigen, der nur das tut, was er will. Er hatte etwas von einem jungen Löwen.

«Beeil dich, Édouard!» rief ich ungehalten, «im Lieferwagen ist frische Ware zum Ausladen.»

Er schaute mich mit seinen großen hellen Augen an; meine Frau war der Meinung, die Schöpfung habe ihn mit dem Blick von Johnny Halliday bedacht. Diese ausgefallene Behauptung hatte einiges für sich.

«Kommst du nun oder nicht?»

Er kam etwas näher; ich beugte mich zu ihm hinab. Er stieß viermal mit seinem dicken Kastrierter-Kater-Kopf gegen meine Lebensmittelhändler-Stirn. Er roch gut, nach gemähtem Heu und umgegrabener Erde.

Es war mitten am Nachmittag. Sanftes Herbstlicht erfüllte den Hof und brachte die kupferfarbenen Blätter des wilden Weins zum Leuchten. Das schräge Zinkdach hatte sich erwärmt; Édouard gab mir zu verstehen, dass er weiterhin seinen dicken, weichen, hellen Leib aufzuwärmen wünsche. Er rollte sich um einen matten Sonnenstrahl herum und fiel unvermittelt und völlig unpassend in tiefen Schlaf.

«Faulpelz!» brummelte ich, zwar neidisch, aber vergnügt.

Ich war im Begriff, das Fenster zu schließen, als ich das Husten hörte. Es war ein heftiger, schrecklicher, grauenhafter, schwindsuchtartiger Hustenanfall; ein Orkan aus einer Brust wie ein lederbespanntes Tamburin, einem bösen Omen gleich. Der verheerende Husten weckte sogar Édouard, der berühmt war für seinen tiefen Schlaf.

Je ne pus réfréner l'envie de savourer la vague de jouissance qui montait en moi. « Ça sent le sapin, mon vieux Jean-Noël … », songeai-je, un sourire aigre pendu aux commissures des lèvres, comme un glaire.

« Passe passe le temps, tu n'en as plus pour très longtemps », chantonnai-je, pastichant Georges Moustaki dont je possédais tous les microsillons.

Il s'arrêta de tousser; ma joie s'estompa. Je ne parvenais cependant pas à refermer la fenêtre; l'espoir de l'audition d'une nouvelle quinte m'en empêchait. Édouard s'était rendormi, l'intérieur de ses oreilles rousses contemplait le ciel. Dans l'une d'elles, on apercevait son tatouage inutile: cet incorrigible paresseux n'avait jamais osé quitter la cour et le toit en pente douce. Il en est des chats comme des hommes: certains détiennent le goût de l'aventure, d'autres non.

Je retenais ma respiration afin de mieux écouter. J'eusse voulu faire revenir à mes oreilles l'émission du doux bruit pulmonaire, de la tempête gutturale, du typhon pathologique. Mais plus rien. Juste le chuchotement de la brise de fin septembre qui faisait frissonner les feuilles de la vigne vierge. Mon plaisir s'échappait comme une mélodie qui s'éloigne, se délite, puis s'étrangle dans l'étau des parasites et gargouillis lointains d'un poste radiophonique ondes courtes mal réglé. J'eusse donné la fourrure d'Édouard au marchand de peaux de lapins pour caresser le bonheur de tourner le bouton du poste et recaler au millimètre près le programme de mon choix: la délicieuse expression de la tonitruante souffrance de ce cher Jean-Noël. Mais non, plus rien. Je ne percevais que le bruit d'outils, lames d'acier des pelles et bêches qui s'entrechoquaient.

« Si l'animal jardine encore c'est que sa santé l'y autorise », me lamentais-je. « Le symptôme n'était rien

Ich konnte mir die hochsteigende Schadenfreude nicht verkneifen. «Das riecht nach Friedhof, alter Jean-Noël ...», dachte ich mit einem schmierig bösen Grinsen auf den Lippen.

«Die Zeit vergeht ... vergeht, lange wird es nicht mehr dauern», summte ich das Chanson von Georges Moustaki, von dem ich alle Schallplatten besaß.

Der Mann hörte auf zu husten; meine Freude schwand. Ich war aber noch nicht bereit, das Fenster zu schließen; die Hoffnung auf einen neuen Anfall hielt mich davon ab. Édouard war wieder eingeschlafen, die Innenseite seiner rostroten Ohren gen Himmel gewandt. In einem Ohr war das unnötige tätowierte Kennzeichen zu sehen: noch nie hatte der unverbesserliche Faulpelz sich getraut, den Hof und das schräg geneigte Dach zu verlassen. Bei den Katzen ist es wie bei den Menschen: manche sind abenteuerlustig, andere nicht.

Ich hielt den Atem an, um besser zu hören. Ich hätte meinen Ohren zu gern ein wiederholtes Ausstoßen des leisen Lungengerassels, des gutturalen Sturms, des pathologischen Taifuns gegönnt. Aber es kam nichts mehr. Nur das Flüstern der Herbstbrise, die die Blätter des wilden Weins erzittern ließ. Die Freude entschwand mir wie eine Melodie, die sich entfernt, verwischt und unter der Übermacht ferner Stör- und Gurgelgeräusche eines schlecht eingestellten Kurzwellensenders erstickt. Ich hätte Édouards Pelz dem Kaninchenfell-Händler geboten, um in den Genuss zu gelangen, am Radioknopf zu drehen und mein Wahlprogramm millimetergenau einzustellen: die köstliche Ausdrucksweise des lautstarken Leidens des lieben Jean-Noël. Aber nein, es kam nichts mehr. Ich nahm nur Geräusche von Gartengerät wahr, das Scheppern von Schaufeln und Spaten.

«Wenn der Kerl noch gärtnert, dann kann es nicht so schlecht um seine Gesundheit stehen», beklagte ich mich.

d'autre qu'un accident de parcours provoqué par un courant d'air, un rhume des foins, et ne trahissait nullement un mal plus profond, une affection incurable. Quel malheur ! Quel grand malheur ! Ce salaud est donc toujours en bonne santé puisqu'il a encore la force de cajoler ses hortensias. »

À peine venais-je de tirer les battants de la fenêtre qu'il se remit à tousser. Une toux monstrueuse, plus puissante encore que la première. Je l'imaginais cracher le sang dans la terre de bruyère, plié en deux sous la douleur, les yeux révulsés, au bord de la crise de convulsions.

Soudain, un fracas métallique. Il avait dû tomber, entraînant avec lui les outils qu'il transportait pour s'adonner à son loisir de nain.

« Il est peut-être mort », me délectai-je intérieurement. « Mais non, suis-je bête ! S'il tousse, c'est qu'il respire encore. »

Et pour tousser, il toussait; cela frisait l'insupportable. J'entendais d'autres voisins qui ouvraient leurs fenêtres pour écouter la percutante symphonie en mi mineur de fond de Jean-Noël Houbron, voisin qu'on eût pu croire silicosé si, au lieu de baguenauder derrière le guichet des PTT, il fut descendu quotidiennement dans les puits de houille de Nœux-les-Mines. De la rue, montait une rumeur: « C'est ce pauvre monsieur Houbron; ça n'a pas l'air d'aller très fort. Il devrait consulter », commentaient des voix de femmes mouillées de compassion.

La quinte était si forte que, subrepticement, le ciel s'assombrit; quelques gouttes tombèrent, mouchetant le zinc gris de points noirs et ronds comme des crottes de souris.

Édouard se réveilla en sursaut. Effrayé par la toux, il vint se blottir dans mes bras. Je me souvins soudain que

«Das Husten war wohl nichts als ein zufällig von Zugluft oder Heuschnupfen ausgelöster Vorfall, keinerlei Anzeichen für ein ernsteres Übel, ein unheilbares Leiden. Was für ein Pech! Welch riesiges Pech! Dieser Schweinehund erfreut sich offensichtlich weiterhin bester Gesundheit, denn er hat immer noch die Kraft, seine Hortensien zu hätscheln.»

Schon wollte ich das Fenster schließen, da fing er wieder an zu husten. Ein grässlicher Hustenanfall, noch heftiger als der erste. Ich stellte mir vor, wie er Blut in die Moorerde spuckte, von Schmerzen gekrümmt, mit hervorquellenden Augen, der letzten Zuckung nahe.

Da – plötzlich ein metallisches Scheppern. Sicher war er gestürzt und hatte im Fallen das ganze Gerät mitgerissen, das er für sein Gartenzwerg-Hobby mit sich schleppte.

«Vielleicht ist er tot», freute ich mich schon im tiefsten Inneren. «Ach nein, wie dumm, wenn er hustet, atmet er noch.»

Dieser Husten war wahrhaftig ein Husten; es war allmählich nicht mehr auszuhalten. Ich hörte andere Nachbarn ihre Fenster öffnen, um die eindringliche Symphonie in Grubenmoll von Jean-Noël Houbron zu hören. Wenn dieser Nachbar, statt hinter einem Postschalter die Zeit zu vertrödeln, Tag für Tag in die Kohlengrube von Noeux-les Mines gefahren wäre, hätte man an eine Staublunge denken können. Von der Straße drang Stimmengewirr herauf: «Das ist der arme Monsieur Houbron, dem scheint's nicht gut zu gehen. Er sollte zum Arzt gehen», ließen sich vor Mitleid triefende Frauenstimmen vernehmen.

Der Hustenanfall war so heftig, dass der Himmel sich hinterrücks verdunkelte; ein paar Tropfen fielen und sprenkelten das graue Zinkdach mit schwarzen runden Punkten wie Mäusedreck.

Édouard schreckte hoch. Er schmiegte sich, von dem Husten verängstigt, in meine Arme. Mir fiel plötzlich ein, dass

Jean-Noël appréciait l'Amsterdamer. « Si c'est la pipe qui le met dans cet état-là, c'est gagné ! », triomphai-je, rassuré.

Sur le parquet de sapin rouge du couloir, Édouard s'ébroua, puis bâilla dispensant dans l'atmosphère une odeur de croquettes. Malgré le double vitrage, j'entendais encore la quinte assourdissante. Je me sentais d'excellente humeur. Plein d'entrain, je décidai d'aller décharger les produits frais. Sur le toit, des grosses gouttes rebondissaient. Cette fois le toit devenait aussi noir que le ciel. Un éclair; un coup de tonnerre.

« Avec son raffut, il est parvenu à déclencher un orage, m'étonnai-je. Avec un peu de chance, il va périr foudroyer. C'est bien connu, le ciel tire toujours sur les ambulances. »

*

D'aussi loin que je me souvienne, j'ai toujours détesté mon voisin; il me le rend bien. Je n'aime pas son physique d'intellectuel, ses épaules rentrées, ses petits bras décharnés, ses cheveux très noirs et crépus de vieux gamin, ses doigts fins et courts, ses lunettes rondes et les grands airs qu'il se donne, toujours à chercher ses mots, comme s'il allait vous réciter la Bible alors qu'il est en train de demander une baguette de pain à la boulangère. Sa pondération m'exaspère, son bon sourire plein d'humanisme tout autant. Quand il regarde le monde, surtout les plus humbles que lui, c'est avec compassion, avec une douceur de femelle. Dans ces moments-là, j'ai presque envie de l'étrangler. Après tout, pour qui se prend-il, ce petit fonctionnaire de rien du tout? N'est-il pas, au fond, qu'inspecteur premier échelon du bureau de poste du chef-lieu de canton? Pas de quoi regarder les autres avec ces yeux-là?

Jean-Noël den Pfeifentabak Marke *Amsterdam* schätzte. «Wenn die Pfeife schuld an diesem Zustand ist, dann ist alles klar!» frohlockte ich, wieder unbesorgt.

Auf dem dunklen Fichtenholz-Parkett im Flur streckte Édouard sich und gähnte, er verbreitete einen Geruch von Trockenfutter. Trotz der Doppelfenster hörte ich immer noch das ohrenbetäubende Husten. Ich fühlte mich bester Dinge. Voller Schwung beschloss ich, die frische Ware auszuladen. Dicke Tropfen trommelten auf das Dach, das so schwarz wie der Himmel wurde. Ein Blitz, dann Donner.

«Mit seinem Radau hat er es geschafft, ein Gewitter auszulösen», sagte ich mir erstaunt. «Mit etwas Glück wird er noch vom Blitz erschlagen. Das ist doch bekannt, der Himmel zielt immer auf die Krankenwagen.»

*

So weit ich mich erinnern kann, habe ich meinen Nachbarn immer gehasst, und er gibt es mir voll zurück. Ich mag sein intellektuelles Aussehen nicht, die hängenden Schultern und dürren Ärmchen, die tiefschwarzen, wirren Altmänner-Haare, die feingliedrigen, kurzen Finger, die runden Brillengläser und seine aufgeblasene Art. Immer ringt er nach Worten, als wolle er die Bibel zitieren, dabei verlangt er nur ein Baguette von der Bäckerin. Seine Bedachtsamkeit macht mich wahnsinnig, sein gutartiges, menschenfreundliches Lächeln genauso. Wenn er die Leute anschaut, vor allem die ihm unterlegenen, dann mit Mitgefühl, mit weibischer Sanftheit. In solchen Augenblicken habe ich fast Lust, ihn zu erwürgen. Für wen hält sich denn dieses Würstchen von einem Beamten? Eigentlich ist er doch nichts als der unterste Postbedienstete einer Bezirkshauptstadt. Kein Grund, die anderen derart anzuschauen. Man könnte meinen, er sei von einer Aufgabe er-

On le dirait investi d'une mission. Une mission citoyenne. Les pires; les plus sournoises. Celles qui le conduisent, l'hiver, à enlever la neige devant sa maison, ou à mettre du sel sur le trottoir verglacé pour que les vieilles ne se cassent pas la figure. Si, le froid venu, on ne peut même plus regarder les vieilles tomber dans la rue, que nous restera-t-il pour meubler nos longues soirées de décembre? *Holyday on ice* à la télévision? C'est trop triste!

Je le soupçonne même d'être abonné à *L'Humanité* et de militer à la Ligue des Droits de l'Homme. Et puis vous verriez comme il me contemple, moi l'épicier! Des petits yeux sournois, pleins de mépris comme s'il avait devant lui le capitalisme tout entier ou Marcel Dassault en personne. Il me hait, j'en suis sûr. Pourtant, sans moi, il ne serait rien. Il n'est déjà pas gros, sans mes bons produits, il ne resterait plus rien de lui. Il ne faut pas seulement une belle conscience et de grandes idées pour faire battre un cœur; il faut du muscle, de la graisse, du sang bien rouge. Et je vous assure qu'il serait incapable avec ses petits bras, de les porter mes caisses de kippers comme je suis en train de le faire actuellement. Une lettre, ça pèse moins lourd qu'un baril de lessive Le Chat, n'est-ce pas mon bon Édouard?

Mais ce qui fit déborder le bocal de caramels se produisit il y a six mois. Un matin, je découvris un énorme mollard dégoulinant sur le pare-brise de ma camionnette de livraison. L'attentat venait de se produire. Dans l'air, je humai l'odeur caramélisée du tabac Amsterdamer; celui de sa pipe maudite d'intellectuel. Je n'en eus jamais la preuve mais j'en suis certain: le cracheur, c'était lui. Alors, comprenez mon ire …

*

füllt. Bürgerpflichten, das sind die schlimmsten Aufgaben, die hinterlistigsten. Die ihn dazu veranlassen, im Winter den Schnee vor seinem Haus zu räumen oder Salz auf den glatten Gehweg zu streuen, damit alte Damen nicht auf die Nase fallen. Wenn man in der kalten Jahreszeit nicht mal mehr die Alten auf die Straße purzeln sehen kann, was bleibt dann, um die langen Dezemberabende zu füllen? *Holiday on Ice* im Fernsehen? Das ist zu öde!

Ich habe ihn sogar im Verdacht, die *Humanité* abonniert zu haben und sich in der Liga für Menschenrechte zu engagieren. Und Sie sollten mal sehen, wie er mich, den Lebensmittelhändler, anschaut! Kleine verschlagene Augen voller Verachtung, als hätte er den versammelten Kapitalismus vor sich oder Marcel Dassault höchstpersönlich. Er hasst mich, da bin ich mir sicher. Dabei wäre er nichts ohne mich. Er ist schon nicht dick, aber ohne meine guten Produkte wäre von ihm gar nichts übrig. Es gehört mehr dazu als hehre Überzeugungen und große Gedanken, um ein Herz schlagen zu lassen, es braucht auch Muskeln, Fettgewebe und gutes rotes Blut. Ich schwöre Ihnen, er mit seinen Ärmchen wäre nicht imstande, meine Kisten voll Räucherfisch zu schleppen, wie ich das jetzt gerade tu. Ein Brief ist weniger schwer als ein Kanister *Le Chat*-Waschpulver, nicht wahr, mein guter Édouard?

Was allerdings das Fass zum Überlaufen brachte, geschah vor sechs Monaten. Eines Morgens entdeckte ich einen dicken Rotzschleim, der die Windschutzscheibe von meinem Lieferwagen herunterlief. Der Anschlag musste sich gerade erst ereignet haben. In der Luft erschnupperte ich noch den karamellartigen Geruch des *Amsterdam*-Tabaks seiner verdammten Intellektuellen-Pfeife. Ich erhielt nie einen Beweis, aber ich bin ganz sicher: der Spucker war er. Damit werden Sie meinen Zorn verstehen …

*

Six mois plus tard, Jean-Noël Houbron fut emporté par un mauvais mal. Je ne pus m'empêcher de pousser jusqu'au crématorium pour le plaisir de voir brûler mon ennemi. Un très beau spectacle d'art pyrogène. Les beaux sentiments sont très combustibles.

Ce fut à mon retour qu'Édouard tomba du toit, et se cassa une patte. Un matin d'automne, alors que je procédais à sa séance de rééducation comme me l'avait enseigné le vétérinaire, je fus pris d'une quinte de toux indescriptible, terrifiante, si puissante que mon Édouard se sauva en claudiquant pour se cacher dans la buanderie.

En repassant devant ma camionnette, toussant à m'en éclater les poumons, je m'arrêtai, stupéfait: sur la vitre, un crachat, un énorme crachat dégoulinant du même acabit que celui que j'avais attribué à Jean-Noël. Ce n'était donc pas lui. Tout en marchant pour tenter d'oublier mes spasmes, je ressentis comme un vague remords. «Une haine sans raison, c'est comme un coup de fusil dans le vent, comme un épouvantail dans un champ sans sansonnets, comme un livre sans pages, comme un avion sans ailes; ça ne sert quasiment plus à rien si ce n'est à se faire plaisir, certes ce n'est déjà pas si mal mais ...», songeai-je, abruti par la toux et le bruit qu'elle dispensait. Un sentiment de vacuité m'envahit, presque un petit regret.

«Vais-je devenir bon, aussi bon que cet imbécile de Jean-Noël?», m'interrogeai-je, inquiet, tout en continuant mes pas qui finirent pas calmer mes angoisses. Rémission de courte durée: le plus dur se produisit quand j'entendis la fenêtre d'un voisin qui s'entrebâillait. Il devait m'écouter rendre l'âme. Dès le lendemain, je décidai de faire un don pour la Ligue contre le cancer. On n'est jamais trop prudent.

Sechs Monate später erlag Jean-Noël Houbron seinem schweren Leiden. Ich konnte es mir nicht verkneifen, zum Krematorium zu fahren, um meinen Feind verbrennen zu sehen. Ein schönes pyromanisches Schauspiel. Erhabene Gefühle sind leicht entflammbar.

Gleich nach meiner Rückkehr fiel Édouard vom Dach und brach sich eine Pfote. An einem Herbstmorgen, als ich eine krankengymnastische Übung mit ihm machte, wie sie der Tierarzt mir beigebracht hatte, wurde ich von einem unbeschreiblichen, fürchterlichen Hustenanfall gepackt, so grauenhaft, dass mein Édouard floh und sich in der Waschküche versteckte.

Ich ging wieder zu meinem Lieferwagen, hustete, dass mir fast die Lunge platzte, und hielt verblüfft inne: ein Spuckeklumpen auf der Scheibe, ein dicker, schleimiger Rotz vom gleichen Kaliber, wie ich ihn Jean-Noël zugeschrieben hatte. Also war nicht er es gewesen. Während ich weiterlief, um meinen Hustenkrampf zu vergessen, empfand ich so etwas wie Gewissensbisse. «Grundloser Hass ist wie ein Schuss in den Wind, wie eine Vogelscheuche in einem Feld ohne Stare, wie ein Buch ohne Seiten, wie ein Flugzeug ohne Flügel – es taugt sozusagen zu nichts anderem als zum eigenen Vergnügen. Das ist zwar schon mal gar nicht schlecht, aber …», dachte ich, vom Husten und dem damit verbundenen Lärm betäubt. Ein Gefühl der Leere beschlich mich, fast ein kleines Reuegefühl.

«Werde ich vielleicht ein guter Mensch, so einer wie dieser Dummkopf Jean-Noël?» fragte ich mich beunruhigt und schritt weiter aus, um meine Ängste zu dämpfen. Die Erleichterung war von kurzer Dauer: das Schlimmste war, dass sich das Fenster eines Nachbarn einen Spalt öffnete. Er musste gehört haben, wie ich mir die Seele aus dem Leib hustete. Gleich am nächsten Tag beschloss ich, der Liga gegen Krebs eine Spende zu machen. Man kann nicht vorsichtig genug sein.

Jean-Claude Mourlevat
Ouessant 1959

J'avais sept ans et ma sœur neuf. C'était à la fin des années cinquante, un été. Mes parents ont cassé leur tirelire pour nous emmener passer une semaine sur l'île d'Ouessant, en Bretagne. J'étais maigrichon et l'air iodé de l'Atlantique me ferait du bien. Il ferait peut-être mincir ma sœur qui était ronde, elle. Et mes parents découvriraient l'Océan. Bref, toute la famille y trouverait son compte.

Nous avons mis deux jours pour traverser la France, en nous arrêtant une soixantaine de fois au bord de la route nationale, afin de permettre à ma mère de ne rien vomir en se tenant le front de la main droite et le ventre de la main gauche. Arrivés à Brest, sous un crachin pénétrant, nous avons laissé notre voiture sur un parking et sommes montés à la queue leu leu sur le bateau de la compagnie maritime SMD. Malgré le temps de chien, nous sommes restés sur le pont pendant toute la traversée, assis sur un banc et serrés les uns contre les autres dans nos quatre imperméables neufs et identiques.

D'après la carte, il y avait une crique tout près de notre location, sur la côte sud. Nous y sommes allés tôt, dès le premier matin, en suivant un sentier qui serpentait dans la bruyère. Le ciel était lourd de nuages, mais il ne pleuvait pas. Notre père marchait à grandes enjambées, cinq mètres devant nous et chargé d'outils : bêche, pelle, râteau et truelles de maçon. Des moutons, alertés par son raffut, le regardaient passer de loin avec des yeux exorbités.

Jean-Claude Mourlevat
Ferien in der Bretagne

Ich war sieben und meine Schwester neun. Es war ein Sommer Ende der fünfziger Jahre. Meine Eltern gingen an ihre Ersparnisse, um mit uns eine Woche in der Bretagne auf der Insel Ouessant zu verbringen. Ich war ein schmächtiges Kerlchen, und die jodhaltige Luft des Atlantik würde mir gut tun. Vielleicht würde sie auch meiner Schwester, die etwas dick war, das Abnehmen erleichtern. Und meine Eltern würden den Ozean kennenlernen. Kurzum, die ganze Familie käme auf ihre Kosten.

Wir brauchten zwei Tage quer durch Frankreich, mit ungefähr sechzigmal Anhalten am Rand der Nationalstraße, um der Mutter zu ermöglichen, die Stirn in die rechte Hand und den Leib mit der linken gestützt, sich eben doch nicht zu übergeben. Bei durchdringendem Nieselregen stellten wir unser Auto in Brest auf einen Parkplatz und stiegen im Gänsemarsch auf das Boot der Seeschiffahrts-Gesellschaft. Trotz des Hundewetters blieben wir während der gesamten Überfahrt auf einer Bank an Deck, eng aneinandergerückt in unseren vier neuen gleichen Regenjacken.

Der Landkarte zufolge gab es ganz nahe bei unserer Unterkunft an der Südküste eine Bucht. Schon früh am ersten Morgen gelangten wir auf einem sich durch das Heidekraut schlängelnden Weg dorthin. Der Himmel war wolkenverhangen, aber es regnete nicht. Der Vater ging mit ausladenden Schritten fünf Meter voraus, bepackt mit Gerätschaften: Spaten, Schaufel, Harke und Maurerkellen. Aus der Ferne sahen ihm, durch seinen Radau aufgeschreckt, die Schafe mit Glotzaugen nach.

Au détour d'un virage, nous avons découvert l'Océan et la plage déserte, en contrebas. Elle formait un triangle régulier dont la pointe baignait dans l'eau grise. Nous y sommes descendus à la course, ma sœur et moi, en poussant des cris d'Indiens.

Ma mère s'est installée sur un pliant pour lire. Nous avons mis nos maillots de bain et mon père son short. Il a considéré l'espace sableux autour de lui, a gonflé sa poitrine et a expiré l'air d'un seul coup comme une personne qui va entreprendre quelque chose d'important.

– Vous me donnez un coup de main, les enfants?

– Pour faire le château?

– Oui.

C'est ainsi qu'a commencé cette journée qui resterait à jamais dans notre légende familiale.

Nous avons d'abord dressé, à bonne distance de l'eau, une colline de sable de deux mètres de haut. Notre travail, à nous les petits, était d'en tasser et d'en aplanir la cime de façon à constituer un plateau horizontal et régulier. Ce n'était pas très passionnant, mais notre père nous exhortait:

– Courage! La suite sera plus drôle!

Il avait raison. Vers dix heures du matin, ma sœur et moi avons commencé à creuser les douves. Le sable, humide à souhait, crissait et se fendait droit sous nos truelles.

– Plus profond! Plus profond! criait notre père. N'ayez pas peur d'aller très profond!

Lui tranchait à coups de bêche précis les murailles de notre château. La plus haute mesurait un mètre cinquante.

Peu après, une autre famille est arrivée et s'est installée au bout de la plage. Les deux enfants, de notre âge environ, se sont approchés, timides.

Gleich nach einer Biegung entdeckten wir unter uns den Ozean und den menschenleeren Strand, wie ein Dreieck geformt mit der Spitze im grauen Wasser. Meine Schwester und ich stürmten mit Indianergeheul hinab.

Die Mutter ließ sich auf einem Liegestuhl zum Lesen nieder. Wir zogen die Badeanzüge an, der Vater seine Badehose. Er begutachtete den sandigen Boden ringsumher, weitete seinen Brustkorb und stieß die Luft in einem Schub hinaus wie jemand, der etwas Bedeutsames vorhat.

«Werdet ihr mir zur Hand gehen, Kinder?»

«Um die Burg zu bauen?»

«Ja.»

So begann dieser Tag, der für immer in die Familien-Annalen eingehen sollte.

Zuerst türmten wir, ein gutes Stück vom Wasser entfernt, einen zwei Meter hohen Sandberg auf. Die Aufgabe für uns Kinder bestand darin, die Kuppe zu einer waagrechten und gleichmäßigen Fläche festzuklopfen. Das war nicht sehr aufregend, aber der Vater trieb uns an:

«Nur Mut! Nachher wird es lustiger!»

Er hatte recht. Gegen zehn Uhr vormittags begannen meine Schwester und ich, die Burggraben auszuheben. Der Sand war schön feucht, knirschte und ließ sich mit unseren Kellen glatt abstechen.

«Tiefer! Tiefer!» rief der Vater, «nur keine Angst, grabt schön in die Tiefe!»

Er selbst schnitt mit präzisen Spatenstichen die Mauern unserer Burg aus. Die höchste maß eineinhalb Meter.

Kurz darauf kam eine andere Familie und ließ sich am Ende des Strandes nieder. Die zwei Kinder, ungefähr in unserem Alter, kamen schüchtern näher.

– On peut vous aider? a demandé le garçon.

– Bien sûr! avons-nous répondu, et ils se sont agenouillés pour creuser avec leurs petites pelles en plastique plus élégantes que nos truelles mais bien moins efficaces.

Leur père s'est inquiété, de loin:

– Ils ne vous dérangent pas, au moins?

– Au contraire, a dit le nôtre, nous avons besoin de bras!

– Si c'est comme ça, a dit le type, je veux bien participer. Qu'est-ce que je peux faire?

Un ruisseau d'eau douce, descendu des hauteurs, se frayait un passage laborieux dans le sable, sur un côté de la plage.

– Il faudrait le détourner et l'amener ici, a dit notre père.

Le type nous a emprunté la pelle et s'y est mis.

Vers onze heures, six autres personnes, dont une dame qui, je me le rappelle, travaillait «à la police», se sont ajoutées à notre équipe. Notre père dirigeait les travaux avec courtoisie mais fermeté:

– Tenez, disait-il à la «policière», prenez le râteau et aménagez un grand rectangle côté ouest. Ce sera le parc. Délimitez-le avec un muret de sable de vingt centimètres environ.

– Vous, continuait-il en s'adressant au mari, construisez deux collines, au nord. On y installera les tours de guet.

Lui-même continuait-il à tailler, creuser, lisser dans le grand bloc central, et peu à peu apparurent des tours, des créneaux, des escaliers, des fenêtres. Plusieurs ponts furent construits au-dessus des douves par un monsieur à lunettes dont notre père nous a dit par la suite qu'il était inspecteur des impôts.

«Können wir euch helfen?» fragte der Junge.

«Klar», antworteten wir, und sie knieten sich hin und gruben mit ihren Plastikschäufelchen, die feiner waren als unsere Kellen, aber viel weniger bewirkten.

Ihr Vater meldete von fern Bedenken an:

«Sie stören euch doch nicht?»

«Im Gegenteil», antwortete der unsrige, «wir brauchen starke Arme.»

«Wenn das so ist», sagte der Typ, «bin ich gern dabei. Was kann ich tun?»

Auf einer Seite des Strandes suchte sich ein Süßwasserbach mühsam seinen Weg durch den Sand herab.

«Er müsste umgeleitet und hierher geführt werden», sagte unser Vater.

Der Typ lieh sich unsere Schaufel aus und machte sich an die Arbeit.

Gegen elf schlossen sich sechs weitere Personen unserer Truppe an, darunter eine Dame, die, wie ich mich erinnere, «bei der Polizei» arbeitete. Mein Vater leitete die Arbeiten höflich, aber bestimmt.

«Hören Sie», sagte er zur «Polizeifrau», «Sie nehmen die Harke und legen ein großes Rechteck auf der Westseite an. Das wird der Park. Grenzen Sie ihn mit einem etwa zwanzig Zentimeter hohen Sandmäuerchen ein. Sie ...», wandte er sich an den Ehemann, «bauen zwei Hügel im Norden. Dort werden wir die Wachtürme aufstellen.»

Er selbst fuhr damit fort, am großen zentralen Block zu formen, zu graben und zu glätten, und nach und nach erschienen Türme, Zinnen, Treppen und Fenster. Ein bebrillter Herr, von dem der Vater später sagte, er sei Finanzbeamter, legte mehrere Brücken über die Burggräben.

De nombreux arrivants rejoignirent notre chantier, et, à midi, je pense que nous avions embauché une quarantaine de personnes, enfants compris j'entends.

– On fait une pause ! a ordonné notre père. Nous reprendrons vers quatorze heures. Merci à tous.

Les familles se sont regroupées pour pique-niquer. Quelques personnes sont rentrées déjeuner à leur location, en promettant d'être de retour sans faute à la reprise du travail.

Dans l'après-midi, le chantier a pris une ampleur nouvelle : on érigea une épaisse muraille autour du château ; un village entier avec son église ; un cimetière hérissé de cailloux plantés à la verticale ; un canal ; tout un réseau de routes et de chemins faits de galets plats ; des forêts d'algues luisantes coiffées comme des chevelures sur des bois flottés ; des collines plantées de végétaux que les enfants couraient chercher à toutes jambes ; des écuries ; des labyrinthes ; des jardins … Les deux tiers de la plage furent bientôt investis par notre complexe architectural. Pour l'apprécier à sa juste valeur, il fallait remonter le sentier sur une vingtaine de mètres. De là, on surplombait l'ensemble et c'était très impressionnant. Notre père, sollicité par tous, conseillait avec calme, mais il ne cessait jamais de travailler au château central auquel lui seul avait accès.

Nous n'aurions jamais pensé, ma sœur et moi, qu'il soit capable de faire ce qu'il faisait. Les escaliers grimpaient en courbes élégantes, les fenêtres se découpaient avec précision. Sous ses doigts habiles naissaient des couloirs étroits, des cours intérieures, des terrasses, des dômes, des colonnes, des arcades, des jeux d'ombres et de lumières …

– C'est ton père ? m'a demandé une jeune fille.

J'ai répondu que oui.

Zahlreiche Neuankömmlinge fanden sich auf unserer Baustelle ein, ich glaube, bis Mittag hatten wir um die vierzig Leute eingestellt, Kinder natürlich mit eingeschlossen.

«Wir machen eine Pause!» ordnete mein Vater an. «Gegen vierzehn Uhr geht's weiter. Ich danke euch allen.»

Die Familien fanden sich zum Picknick zusammen. Einige Leute gingen zum Mittagessen in ihre Unterkunft und versprachen, zuverlässig bei Arbeitsbeginn wieder da zu sein.

Am Nachmittag nahm die Baustelle neue Ausmaße an: eine mächtige Mauer wurde rings um die Burg errichtet, ein ganzes Dorf samt Kirche, ein Friedhof mit aufrecht gestellten Kieselsteinen, ein Kanal, ein komplettes Straßen- und Wegenetz aus flachen Steinchen, Wälder aus Treibholz mit blanken Algen als Wipfeln, Hügel mit von den Kindern in großen Sprüngen herbeigeholten Pflanzen, Pferdeställe, Labyrinthe, Gärten ... Bald waren zwei Drittel des Strandes von unserem Baukomplex eingenommen. Um es richtig beurteilen zu können, musste man den Weg mindestens zwanzig Meter hinaufgehen. Von dort oben hatte man einen Überblick über das Ganze, und es war sehr beeindruckend. Der Vater, von allen um Rat gefragt, gab in aller Ruhe Anweisungen, ohne je seine Arbeit an der zentralen Burg zu unterbrechen, zu der er allein den Zutritt hatte.

Meine Schwester und ich hätten ihn nie für fähig gehalten, so etwas zu schaffen. Die Treppen schwangen sich in eleganten Windungen hinauf, die Fenster zeichneten sich genau ab. Unter seinen geschickten Händen entstanden enge Korridore, Innenhöfe, Terrassen, Kuppeln, Säulen, Arkaden, Spiele von Licht und Schatten.

«Ist das dein Vater?» fragte ein junges Mädchen.

Ich sagte ja.

– Il est architecte?

J'ai dit que non et j'ai ajouté qu'il n'avait jamais construit de château de sable avant, que c'était le premier. Je revois encore ses sourcils se soulever d'admiration.

Vers dix-huit heures, ceux qui avaient des appareils photo ont commencé à faire des clichés. Les familles ont posé les unes après les autres, devant les parcs, les jardins. Notre mère s'est avancée à son tour avec son appareil.

– Attends ! a dit notre père, et il a recueilli à fleur de plage le sable le plus sec pour en saupoudrer les tours du château qui se mirent aussitôt à scintiller sous le soleil descendant. La « policière » nous a photographiés. Ma sœur tient la main de mon père et moi celle de ma mère. Nous sourions tous les quatre à pleines dents. J'ai cette photo dans mon portefeuille depuis une trentaine d'années.

La marée montante a d'abord détruit les écuries que des enfants avaient aménagées trop près de l'eau. Leurs chevaux de pierre disparurent noyés ainsi que les cavaliers. Ensuite les jardins sud furent inondés, puis les parcs. Je m'attendais à ce que les gens s'en aillent parce qu'il était l'heure de dîner, mais ils n'ont pas bougé. Nous étions tous en ligne, soixante personnes au moins, je pense, et nous reculions pas à pas, à mesure que l'Océan gagnait.

Les adultes bavardaient, les mains derrière le dos. Quelques enfants rageurs ont mis leurs dernières forces à consolider la muraille.

Le village fut submergé vers dix-neuf heures et les vagues atteignirent la grande muraille quelques minutes plus tard. Elle résista vaillamment, mais dès que l'eau eut fait une brèche, tout alla très vite. Des pans entiers s'effondrèrent, entraînant dans leur chute les

« Ist er Architekt? »

Ich verneinte und fügte hinzu, dass er vorher noch nie eine Sandburg gebaut habe, dies sei die erste. Ich sehe noch, wie sie die Brauen vor Bewunderung hob.

So gegen achtzehn Uhr begannen die Besitzer von Fotoapparaten mit ihren Aufnahmen. Die Familien setzten sich eine nach der anderen vor den Parks und Gärten in Pose. Auch meine Mutter kam mit ihrem Apparat an die Reihe.

« Warte », sagte unser Vater, hob vom Strand etwas trockenen Sand auf und stäubte ihn über die Türme der Burg, die sogleich in der untergehenden Sonne zu glitzern begannen. Die « Polizeifrau » fotografierte uns. Meine Schwester hält die Hand des Vaters und ich die der Mutter. Alle vier zeigen wir unser schönstes Lächeln. Seit dreißig Jahren trage ich dieses Foto in meiner Brieftasche.

Die Flut zerstörte erst die Ställe, die die Kinder zu nah am Wasser gebaut hatten. Ihre Pferde aus Steinen ertranken, ebenso die Reiter. Danach wurden die südlichen Gärten überflutet, dann die Parks.

Ich rechnete damit, dass die Leute aufbrechen würden, weil es Zeit fürs Abendessen war, aber sie rührten sich nicht von der Stelle. Wir standen alle in einer Reihe, ich schätze, mindestens sechzig Menschen, und wichen Schritt für Schritt mit dem steigenden Ozean zurück.

Die Erwachsenen unterhielten sich, die Hände auf dem Rücken verschränkt. Ein paar aufgeregte Kinder versuchten mit aller Kraft, die Mauern zu stützen.

Das Dorf wurde gegen neunzehn Uhr überflutet und einige Minuten später erreichten die Wellen die große Mauer. Sie hielt trotzig stand, aber sobald das Wasser eine Bresche gerissen hatte, ging alles sehr schnell. Ganze Mauerteile brachen zusammen und zogen in ihrem Fall die aufgereihten

rangées de soldats-coquillages. Une petite fille jetait des poignées de sable à l'Océan en lui criant de reculer.

Puis le château lui-même fut pris d'assaut.

Nous sommes tous montés par le sentier pour assister d'en haut à l'engloutissement final et je n'oublierai jamais ces minutes-là. Notre père nous tenait par les épaules, ma sœur et moi, et nous regardions l'Océan anéantir ce que nous avions fait, nous et nos cinquante ouvriers. Une fois les douves saturées, l'eau a sapé la base des tours qui se sont affaissées une à une. Le donjon, dernier debout, s'est fendu sur toute sa hauteur, il a plié et s'est écroulé.

À la toute fin, il n'est plus resté de notre gigantesque construction qu'une petite bosse lisse et étincelante. Alors, dans le silence, quelqu'un a applaudi et les autres ont suivi. D'abord en désordre, puis en rythme, comme quand on veut rappeler les artistes après le spectacle. Ensuite les gens s'en sont allés après avoir remercié notre père pour cette «journée exceptionnelle».

Nous nous sommes retrouvés tous les quatre sur la plage, comme au matin, mais la mer n'était plus grise cette fois. Elle était d'un joli bleu turquoise.

– On y va, les enfants? a dit notre père en chargeant la pelle et la bêche sur son épaule. Et nous sommes rentrés à notre location.

Note de l'auteur:
Ce que je viens de raconter là est pure invention. Lorsque j'étais enfant, je vivais à la campagne et l'idée de «partir en vacances» nous était parfaitement étrangère. Être en vacances, pour moi, signifiait seulement

Muschelsoldaten mit sich fort. Ein kleines Mädchen schleuderte Hände voll Sand auf den Ozean und schrie ihn an, er solle zurückweichen.

Dann wurde die Burg selber im Sturm genommen. Wir gingen alle den Weg hinauf, um von dort oben dem endgültigen Verschlingen beizuwohnen, und diese Minuten werde ich nie vergessen. Der Vater hatte meiner Schwester und mir die Arme um die Schultern gelegt, und wir schauten zu, wie der Ozean alles zerstörte, was wir geschaffen hatten, wir und unsere fünfzig Arbeiter. Als die Burggräben erst einmal vollgelaufen waren, unterhöhlte das Wasser das Fundament der Türme, und sie brachen einer nach dem anderen ein. Der Wachturm, der als letzter standhielt, spaltete sich in seiner ganzen Länge, knickte ein und stürzte zusammen.

Ganz am Ende blieb von unserer gigantischen Konstruktion nichts mehr übrig als eine kleine glatte, glänzende Erhebung. Da begann in die Stille hinein jemand zu applaudieren, und die anderen fielen ein. Zuerst durcheinander, dann rhythmisch, so wie man Künstler nach der Vorstellung zurückholt. Dann zerstreuten sich die Leute, nachdem sie unserem Vater für diesen «außergewöhnlichen Tag» gedankt hatten.

Wir fanden uns alle vier am Strand wieder, wie am Morgen, aber das Meer war diesmal nicht mehr grau. Es war von einem wunderschönen Türkisblau.

«Gehen wir, Kinder», sagte mein Vater und schulterte Spaten und Schaufel. Und wir kehrten in unsere Unterkunft zurück.

Anmerkung des Autors:
Was ich da erzählt habe, ist pure Erfindung. Als Kind lebte ich auf dem Land, und die Vorstellung, «in die Ferien» zu fahren, war uns vollständig fremd. Ferien zu haben, bedeutete für mich lediglich, nicht im Internat zu sein. Ich muss-

ne plus être à l'internat. J'ai attendu d'être adulte pour entendre les vagues de l'Atlantique. Je ne le regrette pas et aujourd'hui, quand je construis avec mes enfants des châteaux de folie sur les plages bretonnes, je me demande même si je ne leur ôte pas une part de rêve.

Mais non. Puisque je leur offre ce rêve-là, ils sauront en inventer d'autres. Qui n'appartiendront qu'à eux.

Eux seuls savent lesquels.

te erst erwachsen werden, um die Wellen des Atlantik zu hören. Ich bedauere es nicht, und heute frage ich mich sogar, wenn ich mit meinen Kindern verrückte Sandburgen auf bretonischen Stränden baue, ob ich ihnen nicht einen Teil Träume vorenthalte.

Doch nein. Indem ich ihnen diesen einen Traum schenke, werden sie sich andere ausdenken können, die nur ihnen allein gehören.

Nur sie selber wissen, welche das sind.

Annie Saumont
Charlotte aux fraises

À cause de.

Oui. Un dessert glacé. Vanille et fraise. Biscuits trempés dans un sirop.

C'était pour leur anniversaire de mariage. Philippe adore la charlotte aux fraises.

Elle a fait ses courses de la semaine en voiture. Au supermarché Atac. Une vraie grande surface. À l'angle des deux avenues. Vaste parking devant l'entrée. Jeanne la Pucelle a un jour remporté là une victoire sur les méchants Anglais.

Elle chantonne, *Orléans, Beaugency* –

Puis elle dit, Atac ça n'a rien à voir avec une bataille. Atac c'est l'ordre et l'abondance. Elle a rempli son caddie. Soucieuse de rassembler tout ce qu'il lui fallait pour un repas de fête. Mais sans penser au dessert.

Elle le dit avec un soupir.

Ajoutant qu'elle va réparer cet oubli. Dans la soirée. Ou demain.

Le lendemain, à ce qu'elle dit, Philippe était en retard pour se rendre au bureau et a pris la Clio. Le supermarché n'est pas loin, elle peut aller à pied. Il y a, dit-elle encore, d'excellents gâteaux glacés au rayon des surgelés.

Elle a choisi une charlotte aux fraises. Elle est passée à la caisse. En achetant son journal au kiosque, la boîte Motta dans son cabas de toile, elle a songé soudain qu'elle aurait dû se munir d'un sac isolant.

Tant pis. Elle habite dans le quartier. Rue Victor-Hugo, vous connaissez.

Annie Saumont
Erdbeer-Charlotte

Deswegen.

Ja, als Dessert Gefrorenes. Vanille und Erdbeeren. In Sirup getränkte Biskuits.

Das war für ihren Hochzeitstag gedacht. Philippe liebt Erdbeer-Charlotte.

Sie hat ihre Wocheneinkäufe mit dem Auto im Supermarkt «Atac» gemacht, einem großen Einkaufszentrum an der Ecke zweier breiter Straßen, mit einem riesigen Parkplatz vor dem Eingang. Jeanne d'Arc hat hier früher mal über die bösen Engländer gesiegt.

Sie summt das Kinderlied «*Orléans, Beaugency ...*»

Dann sagt sie, Atac hat nichts mit einer Schlacht zu tun, Atac steht für Ordnung und reichhaltiges Angebot. Sie hat ihren Einkaufswagen gefüllt, bemüht, alles zusammenzusuchen, was sie für ein Festmahl braucht. Ohne an den Nachtisch zu denken.

Das sagt sie mit einem Seufzer.

Und fügt hinzu, dass sie diese Vergesslichkeit wiedergutmachen wird. Im Lauf des Abends. Oder morgen.

Am Tag darauf, so erzählt sie, war Philippe spät dran fürs Büro und nahm den Renault-Clio. Der Supermarkt ist nicht weit weg, sie kann zu Fuß gehen. Sie sagt auch noch, dass es in der Tiefkühlabteilung vorzügliche gefrorene Torten gibt.

Sie suchte eine Erdbeer-Charlotte aus und ging zur Kasse. Beim Zeitungskauf am Kiosk, die Motta-Schachtel im Stoffbeutel, fiel ihr plötzlich ein, dass sie eine Isoliertasche hätte mitnehmen sollen.

Macht nichts. Sie wohnt hier im Viertel, in der Rue Victor-Hugo, die kennen Sie doch.

Avenue Charles-Péguy. Elle accélère. Il fait chaud. C'est l'été, dit-elle, la lumière est belle mais pas question de flâner. Elle transporte une marchandise qui n'aime pas les trente degrés à l'ombre. Il fait vraiment très chaud, elle avoue qu'elle panique. Ça va fondre. Au secours.

Maman, au secours. Des mots sanglotés tout bas ce matin-là, il y a bien des années. Rentrée des classes. Le cœur frappe fort, au secours. Cartable et tablier neuf. Chaussures astiquées, des escarpins à lacets. Un lacet est défait. Sa faute. À mama, dit-elle. À mama qui prétend que sa toute petite fille a maintenant l'âge de se débrouiller avec les rosettes. N'a donc pas deviné, maman, que l'émotion rend les doigts malhabiles. Mais voyez-vous – elle sourit – mon ange gardien veillait. Il a poussé vers moi un gamin de six ans qui s'est accroupi, un môme en culottes courtes qui n'a pas craint de se meurtrir les genoux sur le gravier. Un angelot blond et bouclé. Ze veux pas que tu tombes. Ze veux pas que tu te fais mal. Il a renoué le lacet.

Et puis, Comment tu t'appelles?

Isa. Et toi?

François.

Octobre, l'année suivante. C'est encore la rentrée des classes. La maîtresse est sévère. Non Isabelle ne t'assois pas près de François. Viens ici à côté de Philippe. Il est sage Philippe, il travaille. Avec François tu bavardes tu t'amuses tu oublies les retenues des multiplications et les *s* au pluriel. Tu oublies de lever la main au bon moment. Et François ne se souvient plus qu'il est là pour apprendre. François seul à son banc se tiendra tranquille.

In der Avenue Charles-Péguy geht sie schneller. Es ist heiß. Es ist Sommer, sagt sie, das Licht ist schön, aber an müßiges Schlendern ist nicht zu denken. Sie trägt eine Ware, die dreißig Grad im Schatten nicht mag. Es ist wirklich sehr heiß, sie gesteht sich ein, dass sie in Panik gerät. Das Eis wird schmelzen, Hilfe.

Hilfe, Mama. Leise geschluchzte Worte an jenem Morgen, damals vor vielen Jahren. Beginn des Schuljahrs, starkes Herzklopfen, Hilfe. Schulranzen und Kittel sind neu, die Schuhe, flache Schühchen mit Schnürsenkeln, blank geputzt. Eine Schleife ist aufgegangen, ihre Schuld, Mamas Schuld, sagt sie. Mama ist der Meinung, dass ihre kleine Tochter jetzt alt genug ist, um mit den Schleifen zurechtzukommen. Hat jedoch nicht berücksichtigt, ihre Mama, dass Aufregung die Finger ungeschickt macht. Aber schauen Sie – sie lächelt – mein Schutzengel hat aufgepasst. Er stupste einen kleinen sechsjährigen Jungen in kurzen Hosen zu mir hin, der sich hinhockte und keine Angst hatte, sich die Knie auf dem Kies aufzuschürfen. Ein kleiner blondgelockter Engel. Will nicht, dass du hinfällst. Will nicht, dass du dir weh tust. Er hat die Schleife wieder zugebunden.

Dann kam: Wie heißt du?

Isa. Und du?

François.

Oktober des folgenden Jahres. Wieder Schulbeginn. Die Lehrerin ist streng. Nein, Isabelle, du setzt dich nicht neben François. Komm hierher neben Philippe. Philippe ist brav, er macht gut mit. Mit François schwätzt du bloß und machst Quatsch, du denkst nicht an die Zahl-im-Sinn beim Malnehmen und die *s* in der Mehrzahl. Du vergisst, dich rechtzeitig zu melden. Und François weiß nicht mehr, dass er zum Lernen da ist. Wenn François allein sitzt, wird er Ruhe geben.

Chuchotements. Regards complices.

Douce amertume. Lointaine enfance. On ne devrait pas, dit-elle, céder aux regrets futiles d'un temps à jamais perdu.

Une charlotte aux fraises garnie de crème fouettée. Le tout glacé. Emballage spécial. Mais ce matin la météo annonçait des températures nettement au-dessus de la moyenne saisonnière. Elle dit qu'aujourd'hui l'avenue lui semble aussi brûlante qu'une piste dans le désert.

Le trottoir rugueux et les chaussures légères aux semelles minces. Pas l'idéal pour une marche forcée. Grand soleil. Elle a dans son cabas *La République du Centre*. Elle déploie le journal en écran sur le précieux paquet. Protection dérisoire.

Protection. Ange gardien. Pouvait-elle espérer que son ange gardien se chargerait de veiller sur une charlotte aux fraises?

Elle soupire encore, Les anges faisaient la sieste.

Au collège Saint-Exupéry, dit-elle, François et moi on ne bavarde plus. On est assis au même pupitre, désormais personne ne s'y oppose. On reste côte à côte, muets, embarrassés. Les profs louent notre application. Bien sûr pendant les contrôles on ne se gêne pas pour copier l'un sur l'autre. Mais c'en est fini des épanchements, des longs conciliabules qui se payaient à la récré en tours-de-cour-mains-au-dos. Elle dit qu'une émotion insolite les obligeait désormais à garder le silence. Un trouble qu'elle ne pouvait nommer.

Philippe était toujours le premier de la classe.

À l'entrée de la rue Louis-Pasteur un ouvrier du gaz creuse une tranchée. Des enfants l'observent. L'un

Getuschel. Komplizenhafte Blicke.
Süße Bitternis. Weit zurückliegende Kindheit. Man sollte nicht, sagt sie, in sinnlosem Bedauern einer für immer verlorenen Zeit nachhängen.

Eine mit Schlagsahne verzierte Erdbeer-Charlotte. Das Ganze gefroren. Spezielle Verpackung. Aber heute morgen hat die Wettervorhersage Temperaturen deutlich über dem für die Jahreszeit üblichen Durchschnitt angesagt. Sie sagt, die Straße käme ihr heute so glühend heiß vor wie eine Wüstenpiste.
Der Gehsteig ist rauh, und die leichten Schuhe haben dünne Sohlen. Nicht sehr geeignet für schnelles Gehen. Pralle Sonne. In der Tasche hat sie die Zeitung *La République du Centre*. Sie faltet die Zeitung auseinander, als Schutz für das kostbare Paket. Eine lächerliche Vorsichtsmaßnahme.
Vorsichtsmaßnahme. Schutzengel. Durfte sie hoffen, ihr Schutzengel würde eine Erdbeer-Charlotte behüten?
Sie seufzt erneut, die Engel halten Mittagsschlaf.

Im Saint-Exupéry-Gymnasium, sagt sie, haben François und ich nicht mehr geschwatzt. Wir sitzen in der gleichen Bank, jetzt hat niemand mehr was dagegen. Wir bleiben Seite an Seite, stumm und verlegen. Die Lehrer loben unseren Eifer. Natürlich haben wir bei den Schulaufgaben keine Hemmung, voneinander abzuschreiben. Aber es ist vorbei mit den Geständnissen, den ausgiebigen Herzensergüssen während der gemächlichen Runden auf dem Pausenhof. Sie sagt, eine sonderbare Empfindsamkeit hätte ihnen von nun an den Mund verschlossen. Eine Verwirrung, die sie nicht näher bezeichnen könne.
Philippe war immer der Klassenbeste.

Am Anfang der Rue Louis-Pasteur hebt ein Arbeiter einen Gasleitungskanal aus. Kinder sehen ihm zu. Eines stößt

d'eux reculant brusquement heurte le cabas, elle dit, Attention fragile. Un autre brandissant cahier et crayon à bille prétend rassembler des témoignages pour un exposé sur la vie du quartier. Elle ne lui accorde, dit-elle, qu'une brève réplique, Demain, plus tard. Elle fuit, elle entend l'enfant protester, C'est chiant, toujours pressées les grandes personnes.

Parce qu'elle était une « grande personne » ce jour-là ayant quitté le lycée, inscrite à l'université d'Orléans, toujours pressée déjà, suivant droit son chemin elle n'a pas rencontré François qui commençait lui aussi des études supérieures. Elle grimpait les marches de l'amphi, et soudain une voix joyeuse, Isa, toi aussi tu fais sciences éco – Elle s'est retournée. C'était Philippe.

François était en lettres. Je ne le voyais plus, dit-elle, qu'au hasard d'une visite de musée ou d'une manif. Je retrouvais Philippe pour les cours de la fac, pour les loisirs. Vous le savez, tout l'intéresse, dit-elle encore. Ensemble on s'offrait le Select-Pathé. Le théâtre, les concerts. Il y avait aussi les balades à bicyclette au bord de l'eau, les rêveries sur le dhuis quand la Loire au crépuscule reflétait le flamboiement du ciel. Bientôt il y a eu les nuits dans la chambre de Philippe. Elle dit fermement, Nous étions heureux. Il y a eu des jours aussi beaux que les nuits, la joie du travail en commun, d'âpres discussions, l'enchantement du partage.

Les études terminées, elle a épousé Philippe.

Elle dit qu'ils en sont aux noces de papier. Aux noces à la crème glacée. Qu'il faut surveiller ça pourrait fondre.

beim plötzlichen Zurückweichen an ihre Tasche, sie sagt: Vorsicht, empfindlich. Ein anderes schwenkt Heft und Kugelschreiber und will wohl Interviews zum Leben im Viertel sammeln. Sie gesteht ihm, wie sie sagt, nur eine knappe Antwort zu. Morgen, später. Sie flieht, sie hört das Kind protestieren, Das ist gemein, immer sind die Erwachsenen in Eile.

Weil sie «erwachsen» war an dem Tag damals, als sie das Gymnasium abgeschlossen und sich an der Universität von Orléans eingeschrieben hatte, schon immer in Eile, immer den geraden Weg vor sich, war sie François nicht begegnet, der auch mit dem Studium begann. Sie stieg die Stufen des Hörsaals hinauf, plötzlich eine vergnügte Stimme, Isa, du auch bei den Wirtschaftswissenschaften – sie wandte sich um. Es war Philippe.

François studierte Geisteswissenschaften. Ich sah ihn nur noch zufällig, sagt sie, bei einem Museumsbesuch oder einer Demonstration. Philippe traf ich bei den Vorlesungen an der Uni und in der Freizeit. Wie Sie wissen, interessiert er sich für alles, fügt sie hinzu. Zusammen genossen wir die Kinobesuche im Select-Pathé, Theater, Konzerte. Und dann waren da die Fahrradausflüge am Flussufer, Träumereien auf der Flussmauer, wenn die Loire im Sonnenuntergang den flammenden Himmel widerspiegelte. Bald gab es die Nächte in Philippes Zimmer. Sie sagt mit fester Stimme: Wir waren glücklich. Es gab Tage, so schön wie die Nächte, die Freude an der gemeinsamen Arbeit, erbitterte Diskussionen, das Entzücken, alles zu teilen.

Nach Beendigung des Studiums hat sie Philippe geheiratet.

Sie sagt, jetzt haben sie die papierene Hochzeit erreicht. Den Hochzeitstag mit Eiskrem. Da muss man aufpassen, es könnte schmelzen.

Ça a fondu.

La faute à.

La faute à qui? Pas au gérant du magasin Atac qui respecte les règlements et fournit des sacs isothermes à la demande de ses clients.

Elle arrivait en vue de sa maison. Un pavillon qu'elle a choisi avec Philippe, qu'ils ont aménagé ensemble. La cuisine et le séjour côté rue, une rue tranquille. Les chambres côté jardin et ses arbustes à fleurs.

Elle marchait au bord du trottoir, hâtant le pas. L'homme blond et mince qui s'avançait vers elle, soudain elle l'a reconnu. Un François qui n'avait plus ses joues rondes d'enfant ni le regard sombre de l'adolescence, mais avait toujours ses mèches folles de poète, son charme un peu mélancolique. Il est resté dans la région, dit-elle, et elle a appris hier qu'il enseigne au lycée, vous le saviez je suppose. Vous ne m'en avez rien dit. Elle assure aussitôt que ce n'est pas un reproche. C'est l'occasion qui a manqué.

François s'avançait vers elle. Il souriait déjà. Il allait s'arrêter, lui parler, elle dit que soudain elle en était certaine. Ze veux pas que tu tombes ze veux pas que. Elle a baissé la tête, contemplant ses pieds avec un vague espoir. Ses chaussures n'ont pas de lacets.

Mama, au secours.

Précipitamment elle a tourné à droite. La maison est à l'angle de la rue Victor-Hugo et de l'impasse. Vous voyez, entourée d'un jardin modeste au mur assailli par le lierre. Crépi blanc. Toit d'ardoise.

Dit-elle. Et qu'elle a couru.

Pour sauver la charlotte aux fraises.

Es ist geschmolzen.

Schuld hat ...

Wer hat Schuld? Nicht der Geschäftsführer von Atac, der sich an die Bestimmungen hält und seine Kunden auf Nachfrage mit Isoliertaschen versorgt.

Sie war jetzt schon in Sichtweite ihres Hauses. Ein Einfamilienhaus, das sie mit Philippe ausgesucht hat, das sie zusammen eingerichtet haben. Die Küche und das Wohnzimmer zur Straße hin, die ruhig ist. Die Schlafzimmer zum Garten mit blühenden Sträuchern.

Sie ging am Rand des Gehwegs, beschleunigte ihren Schritt. Den blonden schlanken Mann, der ihr entgegenkam, erkannte sie sofort. François ohne die runden Wangen der Kindheit, ohne den düsteren Blick des Heranwachsenden, aber immer noch mit dem wilden Dichterlockenschopf, seinem leicht melancholischen Charme. Er ist in der Gegend geblieben, sagt sie, und sie hat gestern erfahren, dass er am Gymnasium unterrichtet, ich nehme an, Sie wussten es. Sie haben mir nichts davon gesagt. Sie versichert sofort, das sei kein Vorwurf. Die Gelegenheit hat gefehlt.

François kam auf sie zu. Er lächelte bereits. Er würde stehenbleiben, sie ansprechen, sie sei sich dessen plötzlich ganz sicher gewesen, sagt sie. Will nicht, dass du fällst, will nicht, dass. Sie hat den Kopf gesenkt, ihre Füße mit einer vagen Hoffnung angesehen. Ihre Schuhe haben keine Schnürbänder.

Hilfe, Mama.

Sie hat sich abrupt nach rechts gewandt. Das Haus ist an der Ecke der Rue Victor-Hugo und der Sackgasse. Sehen Sie, es ist rings umgeben von einem bescheidenen Garten mit efeubewachsener Mauer. Weiß verputzt, mit Schieferdach.

Sagt sie. Und dass sie gerannt ist.

Um die Erdbeer-Charlotte zu retten.

Ça n'a servi à rien. Dans sa cuisine oubliant le gâteau d'anniversaire elle est debout derrière la vitre, son cabas à la main, dit-elle, s'obstinant à suivre des yeux la silhouette d'un homme aux mèches blondes et rebelles qui s'éloigne vers le chemin de halage.

Longtemps après qu'il a disparu elle se tient encore là, immobile. Son cœur fond. La charlotte aussi.

Noces de papier. Sans crème glacée sans vanille et sans fraises. Philippe et moi dit-elle, devrons nous satisfaire de quelques biscuits secs. À grignoter en buvant le champagne. Philippe n'aura pas oublié de mettre le champagne au frais.

Elle dit qu'en ce soir d'anniversaire – c'était hier – elle lui a raconté la charlotte aux fraises, le soleil brûlant, sa fatigue qui expliquait une négligence regrettable, et la flaque rose sur le pavé épongée avec une serpillière. Philippe a souri. C'est l'intention qui compte.

Malchance. Coup du sort. À cause de. Oh de rien, de personne. Incident dû au hasard qui fait bien ou mal les choses.

Elle demande – et ses lèvres tremblent – Dites, vous y croyez, vous, à ces histoires d'ange gardien?

Es hat nichts genützt. In ihrer Küche – der Hochzeitstagskuchen ist vergessen – steht sie hinter der Fensterscheibe, die Tasche in der Hand, wie sie sagt, und kann den Blick nicht wenden von der Silhouette eines Mannes mit blonden widerspenstigen Locken, der sich zum Treidelweg hin entfernt.

Noch lange, nachdem er verschwunden ist, steht sie unbeweglich da. Ihr Herz schmilzt. Die Charlotte auch.

Papierene Hochzeit. Ohne Eiskrem ohne Vanille und ohne Erdbeeren. Philippe und ich, sagt sie, müssen uns mit ein paar trockenen Keksen begnügen. Zum Knabbern, während wir den Champagner trinken. Philippe wird nicht vergessen haben, den Champagner kaltzustellen.

Sie sagt, am Abend dieses Hochzeitstags – das war gestern – hat sie ihm von der Erdbeer-Charlotte erzählt, von der sengenden Sonne, ihrer Erschöpfung als Erklärung für ihre bedauerliche Nachlässigkeit, von der rosa Lache auf dem Boden, mit dem Putzlappen aufgewischt. Philippe hat gelächelt. Was zählt, ist der gute Vorsatz.

Pech. Schicksalsschlag. Weswegen. Oh, wegen nichts, wegen niemandem. Missgeschick, reiner Zufall, der die Dinge gut oder schlecht geraten lässt.

Sie fragt – und ihre Lippen zittern – Sagen Sie, glauben Sie an die Geschichten vom Schutzengel?

Yves Simon
La seconde vie de Luis

La contrebasse s'adresse aux tripes, avait toujours pensé Luis, les autres instruments de l'orchestre batifolent entre cœur et cervelle, ils effleurent la peau et ravissent les jeunes filles. Le son de la basse, lui, est une affaire de guerrier, il soude la troupe pour que les batailles soient gagnées.

Le jeudi était son jour de sortie. Il avait demandé au directeur que lui soit octroyé ce jour-là car il y retrouverait les parfums et les réflexes de son enfance quand l'Éducation nationale avait décidé de cette journée pour fermer ses écoles. Les choses étaient simples : depuis qu'il s'était installé dans la maison de retraite, Luis attendait fébrilement qu'arrive l'instant d'enfiler une chemise blanche, aux poignets et au col amidonnés, son costume bleu-pétrole et une des vingt pochettes qu'il choisissait au gré de ses humeurs, de la saison et des jours de pluie ou de soleil.

Les mercredis soirs, il priait avec une ferveur accrue pour demander en silence que le ciel de Paris ne se couvre pas de stratus et cumulus. Les nuages, le ciel, l'apesanteur.

Le rituel était le même depuis deux années qu'il occupait un studio à la résidence des Feuillants. Chaque jeudi en fin de matinée, un taxi l'emmenait à la gare de Saint-Germain-en-Laye d'où il prenait le train qui le conduirait en vingt minutes à la gare Saint-Lazare, au cœur du Paris commerçant. De là, par le métro, il rejoignait la station Montparnasse-Bienvenüe, prenait un espresso sans sucre au Café de l'Arrivée, lisait distraitement un journal de

Yves Simon
Ein zweites Leben

Der Kontrabass geht direkt in den Bauch, das hatte Luis schon immer gefunden, die anderen Musikinstrumente tändeln zwischen Herz und Hirn, streicheln die Haut und bezaubern junge Mädchen. Der Basston hingegen ist kriegerisch, er schweißt die Truppe zusammen für einen siegreichen Kampf.

Donnerstag war sein Ausgeh-Tag. Er hatte den Direktor gebeten, ihm diesen Tag zuzuteilen; so konnte er die Gerüche und Gesten seiner Kindheit wiederfinden, denn damals waren an diesem Tag auf Weisung des Unterrichtsministeriums die Schulen geschlossen. Es war ganz einfach so: seit er sich im Altersheim eingerichtet hatte, fieberte Luis immer dem Augenblick entgegen, wo er ein weißes Hemd mit gestärktem Kragen und Manschetten und seinen petrolblauen Anzug anziehen und – je nach Laune, Jahreszeit, Sonne oder Regen – eines seiner zwanzig Einstecktüchlein auswählen konnte.

Mittwoch abends betete er still und mit großem Nachdruck, der Himmel über Paris möge sich nicht mit Stratus- oder Kumuluswolken bedecken. Die Wolken, der Himmel, die Schwerelosigkeit.

Das Ritual war in den zwei Jahren, seit er ein Appartement in der Senioren-Residenz «Les Feuillants» bewohnte, immer das gleiche: Jeden Donnerstag spätvormittags fuhr ihn ein Taxi zum Bahnhof seines Wohnorts, von wo ihn ein Zug in zwanzig Minuten zum Bahnhof Saint-Lazare brachte, mitten ins geschäftige Paris. Von da erreichte er mit der Métro die Station Montparnasse-Bienvenüe, trank im Café de l'Arrivée einen Espresso ohne Zucker, las zerstreut eine

sports et se dirigeait au pied de la Tour Montparnasse toute proche, haute de deux cent dix mètres.

Lorsqu'il appuya sur la touche 56 de l'ascenseur – direction dernier étage –, un frisson lui traversa le corps : il allait revoir les séquences les plus étranges et les plus passionnantes de sa vie. À l'intérieur de ce sas qu'il empruntait durant une poignée de secondes, il se mettait en condition, pareil à l'écrivain qui s'assoit devant son ordinateur et va avoir le loisir de jongler avec l'espace, le temps et sa mémoire.

Lorsque Luis s'était aperçu qu'Angéla et Frédéric, sa fille et son fils qui vivaient l'une en Catalogne, l'autre en Aquitaine, avaient fini par négliger de venir le voir au minimum une fois par an, et plutôt que de vivre seul d'un bout à l'autre de l'année dans son appartement du dix-huitième arrondissement, au pied du Sacré-Cœur, il avait choisi de venir s'installer à Saint-Germain-en-Laye : pour l'élégance de la cité, la beauté de son parc et l'enchevêtrement de ses ruelles médiévales.

Il n'avait éprouvé ni chagrin, ni amertume. La présence, dans la résidence, de deux infirmières permanentes et d'un médecin l'avaient rassuré grandement. Et dans son choix, cela fut essentiel.

En fait, Luis n'était malade de rien, il n'était que vieux et seul.

Dans l'ascenseur de la tour, il fredonna un thème de Duke Ellington, *African Flowers*. Luis avait été contrebassiste classique dans des orchestres nationaux, puis à l'Opéra de Paris. S'il avait pratiqué le jazz, c'était comme passion extra-professionnelle et il avait aimé jouer de temps en temps dans des clubs parisiens en trio ou quatuor, ce qui le changeait des orchestres symphoniques à plus de quarante éléments. C'est ce qu'il aimait dans le jazz : cette capacité des musiciens à improviser tout en

Sportzeitung und ging zum Fuße des nahegelegenen zweihundertzehn Meter hohen Montparnasse-Hochhauses.

Als er auf den Knopf 56 – oberster Stock – des Aufzugs drückte, lief ein Schaudern durch seinen Körper: gleich würde er die merkwürdigsten und aufregendsten Szenen seines Lebens wieder vor sich sehen. In dem abgeschlossenen Raum, in dem er sich nur ein paar Sekunden aufhielt, versetzte er sich in die richtige Stimmung, so wie ein Schriftsteller sich vor seinen Computer setzt in der Erwartung, mit dem Raum, der Zeit und seiner Erinnerung jonglieren zu können.

Luis hatte sich im Lauf der Zeit klarmachen müssen, dass Angéla und Frédéric, seine Tochter und sein Sohn – sie lebte in Katalonien, er in der Aquitaine – es aufgegeben hatten, ihn auch nur einmal jährlich zu besuchen. Statt das ganze Jahr lang allein in seiner Wohnung im achtzehnten Arrondissement unterhalb von Sacré-Coeur zu leben, hatte er beschlossen, seinen Wohnsitz nach Saint-Germain-en-Laye zu verlegen: wegen der Kultiviertheit der Stadt, der Schönheit des Parks und den verschachtelten mittelalterlichen Sträßchen.

Er hatte weder Kummer noch Bitterkeit empfunden. Die Anwesenheit von zwei ständigen Pflegekräften und eines Arztes im Seniorenheim hatten ihn beruhigt und ihm die Entscheidung sehr erleichtert.

Tatsächlich hatte Luis keinerlei Gebrechen, er war nur alt und allein.

Im Aufzug des Hochhauses summte er ein Motiv von Duke Ellington, *African Flowers*. Luis war klassischer Kontrabassist in staatlichen Orchestern, später in der Pariser Oper gewesen. Dem Jazz aber galt seine nebenberufliche Neigung. Gern hatte er hin und wieder in Pariser Clubs Trio oder Quartett gespielt, eine Abwechslung zu den Symphonie-Orchestern mit mehr als vierzig Mitgliedern. Genau das schätzte er beim Jazz: die Fähigkeit der Musiker, zu improvisieren, dabei jedoch dem Spiel der anderen zu lauschen

s'écoutant jouer les uns les autres pour permettre l'unité de l'ensemble. Il avait eu deux modèles, fan en fait : un Français, Pierre Michelot, qui interpréta avec Miles Davis la musique du film *Ascenseur pour l'échafaud* de Louis Malle, et un Américain, Charlie Mingus, qui justement joue *African Flowers* aux côtés de Duke Ellington et de Kenny Clarke.

Lorsque Luis débarqua au dernier étage de la Tour Montparnasse, il franchit à toute hâte la porte du restaurant panoramique et fila vers sa table habituelle du matin, à l'est, vers le soleil. On le connaissait comme « l'homme du jeudi » et un garçon lui apporta directement un Martini sur glace avec un zeste d'orange. Voilà, il n'en demandait pas plus pour l'instant : siroter un apéritif et s'évader du quotidien des Feuillants, s'envoler au-dessus de Paris, direction bois de Vincennes et gare de Lyon, l'est de Paris avec pour limites le périphérique. S'envoler, planer, par-delà les toits des immeubles, retrouver les avenues, les ruelles, les squares. Pas n'importe quels avenues, ruelles ou squares, mais là où il avait vécu, pris des baisers, là où il avait ressemblé à un homme, un vivant. Tout à l'heure, au déjeuner, il prendrait sa table du nord pour s'estourbir avec son cher dix-huitième arrondissement. Pour le moment, il se repérait au jardin du Luxembourg pour retrouver le boulevard Saint-Michel, à la hauteur de l'immeuble de briques rouges où s'enseigne l'histoire de l'art, là où il avait logé dans une mansarde d'étudiant lorsqu'il était arrivé dans la capitale, juste après la guerre. Il n'avait besoin de voir qu'un morceau de toit avant de fermer les yeux et de s'emplir d'odeurs anciennes, de couloirs à tommettes graisseuses, du poêle à gaz, d'un vasistas fêlé et de la rumeur du Saint-Michel qui ne faiblissait que vers quatre heures de la nuit. Luis rêvait, entrait dans le temps an-

um der Harmonie der Gruppe willen. Er hatte zwei Vorbilder, die er geradezu verehrte: der eine war Pierre Michelot, ein Franzose, der zusammen mit Miles David die Musik zum Film *Fahrstuhl zum Schafott* von Louis Malle gespielt hatte, der andere eben jener Charlie Mingus, ein Amerikaner, der *African Flowers* an der Seite von Duke Ellington und Kenny Clarke spielt.

Luis stieg im letzten Stock des Montparnasse-Hochhauses aus, stieß entschlossen die Tür zum Aussichts-Restaurant auf und eilte zu seinem angestammten, nach Osten, zur Sonne hin gelegenen Tisch. Man kannte ihn als den « Donnerstags-Mann », und ein Kellner brachte gleich einen Martini auf Eis mit einer Orangenscheibe. Mehr brauchte er im Augenblick nicht: an seinem Apéritif nippen und dem Alltagsleben von « Les Feuillants » entfliehen, über Paris hinweg fliegen in Richtung Bois de Vincennes und Gare de Lyon, in den Osten von Paris mit dem äußeren Ring als Grenze. Fliegen, schweben, über die Dächer der Gebäude hinaus, und Avenuen, Gassen und Plätze wiederfinden. Nicht etwa beliebige Avenuen, Gassen oder Plätze, sondern die, in denen er gelebt hatte, geküsst worden war, in denen er ein wirklicher Mann von Fleisch und Blut gewesen war. Nachher beim Mittagessen würde er seinen Tisch im Norden einnehmen, um sich von seinem geliebten achtzehnten Arrondissement anrühren zu lassen. Im Augenblick richtete er sich nach dem Jardin du Luxembourg aus, um den Boulevard Saint-Michel zu finden, und darin wiederum den roten Ziegelbau, in dem Kunstgeschichte gelehrt wird. Hier hatte er in einer Studentenmansarde gewohnt, als er kurz nach dem Krieg in die Hauptstadt gekommen war. Er brauchte nur ein kleines Stück vom Dach zu sehen, dann schloss er die Augen, und die alten Gerüche breiteten sich aus, Flure mit schmierigen Kacheln, ein Gasofen, ein gesprungenes Kippfenster und der Lärm vom Boulevard Saint-Michel, der erst gegen vier Uhr nachts nachließ. Luis träumte; er nutzte den Abstand,

cien de sa vie en utilisant l'espace que lui offrait Paris vu à deux cents mètres de hauteur. C'est là qu'il arpentait son existence, en toute liberté retrouvée, en apesanteur, à hauteur des nuages, aidé du plan de la ville aux dimensions réelles. Il savait situer, à droite de la grande percée de l'avenue de la Nation, le périmètre verdoyant du cimetière de Picpus où était enterrée Clara sa femme, celle qu'il avait aimée, toujours, malgré les quelques entorses à la fidélité qu'il lui avait prodiguées. Mais l'amour est bien autre chose que la conquête des corps, se disait-il, c'est l'indicible certitude d'être avec celle que l'on attendait depuis toujours, enfant, adolescent, celle dont le visage se découpe dans les rêves sans que l'on puisse en retrouver les traits au réveil. Le cimetière de Picpus lui embuait à chaque fois les yeux. Il glissait alors vers d'autres toits et avenues, la gare de Lyon où ils avaient pris tant de trains, Clara, lui et les enfants, pour s'en aller chaque hiver vers la neige, à Val d'Isère, loger à La Savoyarde. À Noël chaque année. Pour le Nouvel An, en plus, quand les finances le permettaient.

Dans son verre, ne s'entrechoquaient plus que deux morceaux de glace. L'apéritif avalé, Luis allait passer côté nord: son couvert était mis et la demi-bouteille de Lynch-Bages débouchée. « L'homme du jeudi » tira sur ses manchettes amidonnées, redonna une forme de fleur à sa pochette de soie et se leva. La résidence des Feuillants n'existait plus lorsqu'il se trouvait à l'intérieur du restaurant panoramique. Même sa démarche semblait plus aisée, plus leste, presque aérienne. Il était celui qui rêve, léger, qui a accès aux recoins sombres et lumineux de sa mémoire. Il jouissait de cette ville à laquelle son existence s'était mêlée durant des décennies. Ici, dans cette ville à ses pieds, il avait aimé, joui, pleuré, joué Mozart, Debussy, Ravel ...

den Paris ihm aus zweihundert Metern Höhe bot, um sich in frühere Zeiten seines Daseins zu begeben. Dort schritt er sein Leben ab, in wiedererlangter völliger Freiheit, in Schwerelosigkeit auf Höhe der Wolken, und doch mit den wirklichen Ausdehnungen der Stadt vor Augen. Rechts von der großen Schneise der Avenue de la Nation konnte er die grüne Fläche des Picpus-Friedhofs ausmachen, wo seine erste Frau Clara beerdigt war, die er immer geliebt hatte, trotz einiger Treuebrüche, die er ihr angetan hatte. Aber die Liebe, sagte er sich, ist etwas ganz anderes als die Eroberung des Körpers: es ist die unausgesprochene Gewissheit, mit derjenigen zusammen zu sein, auf die man schon als Kind und als Heranwachsender gewartet hat, deren Gesicht sich in den Träumen abzeichnet, ohne dass man beim Erwachen die Züge wieder findet. Der Picpus-Friedhof ließ ihm jedesmal die Tränen in die Augen steigen. Dann glitt er zu anderen Dächern und Avenuen, zur Gare de Lyon, wo Clara, die Kinder und er so oft in den Zug gestiegen waren, um in den Schnee zu fahren, jeden Winter, nach Val d'Isère, ins « La Savoyarde ». Jedes Jahr zu Weihnachten. Und wenn der Geldbeutel es zuließ, bis über Neujahr.

In seinem Glas klirrten nur noch zwei Eiswürfel. Sobald er den Apéritif ausgetrunken hätte, würde Luis sich nach Norden begeben: sein Gedeck war schon aufgelegt, die halbe Flasche Lynch-Bages war geöffnet. Der « Donnerstags-Mann » zog an seinen gestärkten Manschetten, zupfte das Einstecktuch wieder zu einer Blüte und erhob sich. Wenn er sich hier im Aussichts-Restaurant befand, war das Seniorenheim « Les Feuillants » nicht mehr vorhanden. Sogar sein Gang erschien freier, behender, fast beschwingt. Jetzt war er ein unbeschwerter Träumer, der Zugang zu den dunklen und den lichten Winkeln seiner Erinnerung hatte. Er erfreute sich an der Stadt, mit der sein Leben mehrere Jahrzehnte lang verwoben war. In dieser Stadt, die zu seinen Füßen lag, hatte er geliebt, genossen, geweint, hatte Mozart, Debussy, Ravel gespielt …

Au premier plan, la Seine et ses deux îles, à droite, l'Opéra dont il connaissait chaque coulisse et tout au loin, entre le Sacré-Cœur et les lignes de chemin de fer de la gare du Nord, se dressait son toit – le toit où il avait vécu avec sa famille –, jouxtant le boulevard Barbès. Son toit de zinc gris flanqué de quatre cheminées.

Luis n'avait jamais raconté à qui que ce soit du personnel appartenant au restaurant panoramique ce qu'il venait chercher ici. Il était sans doute pour les serveurs et serveuses une sorte de vieux fou qui changeait quatre fois de place dans la journée. Rien de plus. Un nostalgique, basta. Un illuminé solitaire qui ne parvenait pas, semaine après semaine, à se rassasier de Paris vu d'en haut. Comment auraient-ils pu imaginer que le vieil homme revisitait chaque lieu de sa ville : là une aventure amoureuse au 6 de la rue des Canettes, là une manifestation avec des drapeaux rouge et noir commencée Place de la République, là la mairie Jules-Joffrin et l'église d'en face, de l'autre côté de la rue Ordener, où ils s'étaient mariés Clara et lui, là encore la clinique où étaient nés les enfants … « L'homme du jeudi » n'était plus vraiment avec eux. Certes, il mangeait, leur souriait, mais ils ne pouvaient deviner que leur client était à l'intérieur d'une autre peau, invisible, la peau d'un vagabond du temps qui revisitait les chapitres et alinéas de sa vie, les manipulait, les embellissait, pour les réinventer. À la convenance d'un dieu tout-puissant qui aurait eu le loisir de faire vivre aux humains une deuxième vie, Luis réenchantait ses instants passés, ses fugues et élans, les enrobait d'une création nouvelle pour parfaire un parcours différent. Une seconde vie … La plus belle, la réussie, celle qui ne laisse aucun regret et dont chacun rêve, puisque la première se révèle n'avoir été qu'un brouillon, parfois une prison.

Im Vordergrund lag die Seine mit den beiden Inseln, rechts die Oper, von der er jeden Winkel kannte, und ganz hinten, zwischen Sacré-Coeur und den Eisenbahntrassen der Gare du Nord, erhob sich sein Dach – das Dach, unter dem er mit seiner Familie gelebt hatte – gleich neben dem Boulevard Barbès. Ein graues Zinkdach, mit vier Schornsteinen an den Ecken.

Luis hatte dem Personal des Aussichts-Restaurants nie erzählt, was er hier suchte. Für die Kellner und Kellnerinnen war er sicher ein wunderlicher Alter, der viermal an einem Tag den Platz wechselte. Nichts weiter. Ein Nostalgiker, basta. Ein einsamer Schwärmer, der sich Woche für Woche an dem Blick auf Paris nicht satt sehen konnte. Wie hätten sie ahnen können, dass der alte Mann jedem Ort seiner Stadt einen Besuch abstattete: hier ein Liebesabenteuer in der Rue des Canettes N° 6, da eine Demonstration mit rot-schwarzen Fahnen, die an der Place de la République ihren Ausgang nahm, dort das Rathaus Jules-Joffrin und die gegenüberliegende Kirche, auf der anderen Seite der Rue Ordener, wo Clara und er geheiratet hatten, da schließlich die Klinik, in der die Kinder geboren worden waren … Der «Donnerstags-Mann» weilte gar nicht wirklich unter ihnen. Gewiss, er aß, er lächelte ihnen zu, aber sie konnten nicht ahnen, dass ihr Gast in einer anderen, einer unsichtbaren Haut steckte, dass er ein Vagabund der Zeit war, der die Kapitel und Absätze seines Lebens wieder aufsuchte, sie abänderte und verschönte, um sie neu zu erfinden. Einem allmächtigen Gott ähnlich, der den Menschen ein zweites Leben zu geben vermag, verzauberte Luis Augenblicke der Vergangenheit – der Fluchten und des Stürmens –; er erschuf sie neu, um einen anderen Weg einzuschlagen. Ein zweites Leben … Das schönere, das gelungenere, das kein Bedauern hinterlässt und von dem jeder träumt, weil das erste, wie sich herausstellt, nur eine Rohfassung war, manchmal ein Gefängnis.

Juste avant que le soleil ne disparaisse derrière les structures métalliques de la Tour Eiffel, Luis régla sa note avec une carte bleue et disparut dignement du restaurant panoramique. Sa piste d'envol était brisée pour une semaine.

En arrivant à la résidence des Feuillants, il s'aperçut qu'il avait taché son costume. Il en fut contrarié. Puis en se déshabillant, il se souvint d'un détail. Face aux quais de la Seine, il se remémora le triangle vert de la Place Dauphine cachée à l'intérieur de l'Île de la Cité, là où une jeune femme qui l'avait beaucoup aimé avait voulu mourir pour lui. C'était il y a longtemps. Il se demanda si aujourd'hui elle était morte.

Kurz bevor die Sonne hinter dem Metallgerüst des Eiffelturms verschwand, bezahlte Luis mit der Bankkarte die Rechnung und verließ gemessenen Schrittes das Restaurant. Die Flugbahn seiner Träume war für eine Woche unterbrochen.

Kaum war er wieder im «Les Feuillants», bemerkte er Flecke auf seinem Anzug. Er war verstimmt. Als er sich auszog, erinnerte er sich an eine Besonderheit. Er hatte sich, auf dem jenseitigen Seine-Ufer und verborgen mitten auf der Île de la Cité, das grüne Dreieck der Place Dauphine ins Gedächtnis gerufen. Dort hatte eine junge Frau, die ihn sehr liebte, für ihn sterben wollen. Das war vor langer Zeit gewesen. Er fragte sich, ob sie heute tot war.

Hamid Skif
Le peintre de l'aube

Ici, est le vent obscur clamant ses ardeurs au-dessus des sommets. Je suis le fanal éclairant, le signal que les feux s'éteignent un à un, laissant l'obscurité s'emparer de notre néant. Je suis le peintre de l'aube reclus dans son village des cimes, oublieux du temps qui passe et des passions qui flambent les cœurs brisés par mille tourments… Le peintre posa son stylo. Il ne se sentait que rarement l'âme libre d'un poète. Il préférait peindre, tracer sur ses tableaux faits de bric et de broc, les traits massifs de paysans hantés par le péché, refusant que l'on fasse leur portrait. Dieu a interdit la reproduction du vivant. Toute image est un blasphème. Lui-même se sentait vivre comme un blasphème sorti des eaux pour subir les crachats de ses voisins. À quoi pouvait donc bien servir son art s'ils persistaient à l'ignorer, le siffler, l'insulter, le menacer. Il se faisait tout petit ou en d'autres occasions, lassé de subir l'effroi et la vindicte, menaçant et hautain. Il valait mieux, n'est-ce pas, mourir debout et fier comme si la mort, violente et fugace, était fatalement inscrite sur une ardoise d'écolier.

Il ne parlait à personne ni en bien ni en mal. Il survivait de son œuvre, portrait sans âge de vies volées, de regards soustraits. Il s'était fait, chemin faisant, des amitiés dans les alentours mais demeurait sceptique sur leur fidélité. On avait peur de lui, de ce pinceau du diable qui puait l'essence, l'huile de lin et de ces couleurs emportées dans les prunelles

Hamid Skif
Der Maler des anbrechenden Tages

Hier ist der finstere Wind, der brausend über die Gipfel fegt. Ich bin das leuchtende Fanal, das Zeichen, dass die Feuer eines nach dem anderen verlöschen, so dass die Finsternis sich unserer Nichtigkeit bemächtigt. Ich bin der Maler des anbrechenden Tages in der Abgeschiedenheit seines Dorfes hoch oben; ich vergesse die vergehende Zeit und die Leidenschaften, die den gebrochenen Herzen tausend Qualen einbrennen … Der Maler legte seinen Stift beiseite. Er fühlte sich nur selten als freie Dichterseele. Er zog es vor zu malen; er skizzierte in seinen Bildern, die alles Mögliche darstellten, die groben Gesichtszüge der Bauern, die von der Sünde umgetrieben wurden und die nicht wollten, dass man ihr Bildnis fertigte. Gott hat die Darstellung alles Lebenden verboten. Jegliches Abbild ist eine Gotteslästerung. Er selbst empfand sich als Gotteslästerung, geboren, um die Bespuckungen seiner Nachbarn über sich ergehen zu lassen. Wozu konnte seine Kunst gut sein, wenn man ihn beharrlich missachtete, auspfiff, beleidigte und bedrohte. Er machte sich ganz klein – oder aber, bei anderen Gelegenheiten, wenn er es leid war, Furcht und Anprangerung auszuhalten, drohend und hochmütig. War es nicht besser, aufrecht und stolz zu sterben, so als stünde der Tod, der gewaltsame und rasche, schicksalhaft auf eine Schiefertafel geschrieben?

Er sprach mit niemandem, weder im Guten noch im Bösen. Er überlebte einzig durch sein Werk, altersloses Porträt gestohlener Leben, entwendeter Blicke. Im Lauf der Zeit hatte er in der Umgebung Freunde gewonnen, aber er war ihrer Treue nicht sicher. Man hatte Angst vor ihm, vor dem Pinsel des Teufels, der nach Terpentin und Leinöl stank, und vor den Farben, die man in den Augen mit sich forttrug, un-

en dépit de la peur et des remords. Non, il n'avait pas peur depuis qu'il avait installé son attirail sous la pergola du café avec un panonceau annonçant qu'on pouvait se faire tirer le portrait à peu de frais. Un notable ou deux s'étaient avancés. Le reste du village était resté méfiant. Il fallut patience et gentillesse, sans compter le nombre de cafés payés à la ronde pour amadouer, avant que n'arrivent les premiers vrais clients. Ils n'avaient plus peur de se faire voler leurs âmes par un manieur de pinceaux. On disait, à vrai dire, l'enjoliveur. Un peintre? C'est un ravaleur de murs. On ne peut peindre les êtres vivants; seulement les murs, ces grandes surfaces lisses épuisant la force des bras et les barils de chaux. Les deux notables avaient oublié de payer. Il ne leur en voulait pas. Sans eux, personne n'aurait fait le premier pas. Confier sa tête à un monsieur dont on ne sait strictement rien, qui s'en empare prestement pour la mettre en travers d'un morceau de toile blanche comme un linceul, n'était-ce pas le début de la fin, une sorte d'antichambre discrète vous ménageant des moments autrement plus néfastes? On ne pouvait rien savoir et il fallait, c'était sûr, s'attendre à tout avec ces citadins cuirassés de mots aguichants, plus dangereux que les marchands de pacotille. Il pouvait être le diable et qui le saurait? Ce n'était certainement pas ce bavard de postier, toujours à lire des journaux sans intérêt, qui pouvait utilement informer son monde et, à tout le moins, prévenir de quelque danger. Il avait d'ailleurs fini dans l'ivresse, une mélancolie payée de ses propres deniers au patron du bar ambulant, fourgon dispensateur d'ivresse ou s'engouffraient mauvais garçons et fonctionnaires sans religion.

geachtet der Angst und der Schuldgefühle. Nein, er hatte keine Angst, seit er in der Laube des Cafés seine Utensilien aufgebaut hatte und ein Schild mit dem Hinweis, man könne sich für wenig Geld porträtieren lassen. Ein, zwei Honoratioren des Ortes hatten sich vorgewagt. Der Rest des Dorfes war misstrauisch geblieben. Geduld und Freundlichkeit waren nötig gewesen, ganz zu schweigen von den vielen Kaffeerunden, die er spendiert hatte, um die Leute für sich zu gewinnen, bevor sich die ersten richtigen Kunden einstellten. Sie hatten keine Angst mehr, sich von einem, der mit dem Pinsel umzugehen wusste, die Seele stehlen zu lassen. Eigentlich wurde er der Verschönerer genannt. Ein Maler streicht Mauern an. Lebendige Wesen kann man nicht malen; allenfalls Mauern, die großen glatten Flächen, die Muskelkraft und eimerweise Kalk kosten. Die beiden Honoratioren hatten vergessen zu zahlen. Er nahm es ihnen nicht übel. Ohne sie hätte keiner den ersten Schritt getan. Seinen Kopf einem Mann anzuvertrauen, über den man rein gar nichts weiß, der einen geschwind vereinnahmt und auf ein Stück Leinwand, weiß wie ein Leichentuch, festbannt, war das nicht der Anfang vom Ende, eine Art verschwiegener Vorraum, der einem eine Ahnung von ansonsten ungleich unheilvolleren Stunden vermittelt? Man war ahnungslos; sicherlich musste man bei diesen Städtern, die mit verführerischer Rede gewappnet waren und gefährlicher als Ramschwarenhändler, auf alles gefasst sein. Er konnte der Teufel sein – wer sollte das wissen? Bestimmt nicht der geschwätzige Postbeamte, der immer seine langweiligen Zeitungen las; der war keiner, der seinen Leuten nützliche Informationen geben, geschweige denn vor Gefahr warnen konnte. Zudem hatte er sich dem Trunk ergeben, einer Schwermut, für die er sein Geld beim Wirt der Wanderkneipe ließ, dem Rausch verheißenden Kastenwagen, in dem sich zwielichtige Kerle und gottlose Staatsdiener drängten.

Il fallait être prévenu et se garder de sourire devant cet enjoliveur aux fines moustaches, trop propret pour être honnête. Et surtout ne pas lui montrer les bébés, êtres fragiles pouvant se faire voler leur âme à tout instant, ni les femmes ou les jeunes filles, délicats rameaux capables de succomber au premier regard, envoûtées par ce sorcier de la couleur pour être emportées en des royaumes auxquels le commun des mortels n'a pas accès. Gentil? Oui bien sûr ! Et bien éduqué mais Satan lui-même n'est-il pas une créature de Dieu? Et qui peut être plus poli que Satan lorsqu'il le veut?

Il avait fini par apprivoiser ces gens. Ils ne le considéraient plus, en dépit de miettes de méfiance, comme un être malfaisant au point que l'un d'eux était venu le voir un soir, dans l'arrière-salle du café où il s'était installé à demeure, pour lui suggérer de se marier et mieux encore, dans le cas où il serait prêt, lui proposait sa fille comme fidèle et servante épouse. Le peintre déclina l'offre, arguant du fait qu'il était en charge d'une famille nombreuse composée de frères et de sœurs plus jeunes que lui.

La vie s'écoula sereine et terne. Les paysans se laissaient maintenant portraiturer, prenaient des poses avantageuses, arboraient leurs gilets et turbans brodés, se lissaient longuement les moustaches et se parfumaient à l'envie, certains que le tableau allait transpirer de leur bonne odeur d'un jour. D'autres encore laissaient entendre que si leur âme leur était volée, qu'elle soit au moins parfumée.

Ce fut en la vingt-septième nuit du ramadan, la nuit de l'offrande, du pardon et des vœux qu'ils vinrent frapper à sa porte, lui intimant l'ordre de partir. Il ne recula pas, ne croyant à aucun moment que sa

Man musste wachsam sein und sich hüten, in Gegenwart des Verschönerers mit dem schmalen Schnurrbart zu lächeln, der zu schmuck erschien, um rechtschaffen zu sein. Vor allem durfte man ihm nicht die kleinen Kinder zeigen, zerbrechliche Wesen, die sich jederzeit ihre Seele stehlen lassen konnten, auch nicht die Frauen oder die jungen Mädchen, zarte Zweiglein, die imstande waren, beim ersten Blick zu erliegen, verzaubert von diesem Farbenhexer, um in Reiche fortgetragen zu werden, zu denen der normale Sterbliche keinen Zugang hat. Freundlich? Ja, gewiss! Und wohlerzogen; aber ist nicht auch Satan ein Geschöpf Gottes? Und wer vermag höflicher zu sein als Satan, wenn er nur will?

Doch schließlich hatte er das Zutrauen der Leute gewonnen. Sie sahen ihn, ungeachtet einiger Reste von Argwohn, nicht mehr als bösartiges Wesen. Eines Abends kam sogar einer von ihnen zu ihm in das Hinterzimmer des Cafés, wo er sich auf Dauer eingerichtet hatte, und schlug ihm vor zu heiraten. Besser noch: für den Fall, dass er bereit dazu sei, bot er ihm seine Tochter als treudienendes Eheweib an. Der Maler lehnte das Angebot mit der Begründung ab, er habe eine große Familie aus jüngeren Brüdern und Schwestern zu versorgen.

Das Leben verlief ruhig und eintönig. Die Bauern ließen sich jetzt porträtieren, nahmen eine vorteilhafte Pose ein, trugen stolz ihre bestickten Westen und Turbane zur Schau, strichen sich ausgiebig den Schnurrbart glatt und parfümierten sich nach Herzenslust, im sicheren Gefühl, dass das Gemälde den Duft dieses einen Tages verströmen würde. Andere wiederum gaben zu verstehen, dass, wenn ihnen ihre Seele gestohlen würde, sie wenigstens gut riechen werde.

Es war in der siebenundzwanzigsten Nacht des Ramadan, der Nacht der Opfergaben, der Vergebung und der Gelübde, als sie kamen, an seine Tür pochten und ihm befahlen fortzugehen. Er beugte sich nicht, da er keine Minute lang glaubte,

vie puisse être en jeu. Il n'avait fait que peindre des bouilles de paysans, ravis de respirer autre chose que la poussière des terres sèches sur lesquelles ils vivaient, pestant contre tout, épargnant le ciel. On ne pouvait lui en vouloir. Le lendemain de la visite, le cafetier lui suggéra prudemment d'aller faire un tour en ville. Il négligea le conseil, continua à peindre à défaut de portraits – plus personne ne venait – des natures mortes qu'il offrait aux passants. Ils prenaient du bout des doigts ces cadeaux encombrants ou les refusaient en silence. Certains allaient jusqu'à cracher par terre. D'autres changeaient carrément de chemin. À plusieurs reprises, des cailloux furent lancés par des garnements. Il n'y fit pas attention. Le silence autour de lui se faisait pesant, dur, à couper à la hache.

Un jour, c'était un jour comme tant d'autres, étendant ses filaments de lumière au-dessus de la forêt toute proche, des champs, des gourbis blottis les uns contre les autres, isolés et hautains, faisant de leur solitude un rempart, il décida de peindre les aubes pleines du souffle des archanges pour magnifier la terre sur laquelle il vivait. Il peignit au premier plan une gerbe de blé gorgée de soleil, offrant ses épis à la lumière initiale et derrière elle, apaisant et calme, un champ immense dévoilant les premiers frissons redressant les mèches des grains, les gonflant d'orgueil. Au fond, derrière le champ, on découvrait la chevelure de la forêt et au-dessus, irradiant le monde, un soleil s'apprêtant à se vêtir de flammes pour incendier cette bouleversante quiétude.

Il peignait avec frénésie, affamé, jamais content, à l'affût d'un détail, recherchant les effets de nouveaux rayons affairés sur les blés. C'était toujours des champs qu'il peignait dans la lumière bla-

sein Leben könne auf dem Spiel stehen. Er hatte nur Gesichter von Bauern gemalt, die froh waren, einmal etwas anderes einzuatmen als den Staub der trockenen Äcker, auf denen sie lebten, und die auf alles – unter Aussparung des Himmels – fluchten. Das konnte man ihm nicht übelnehmen.

Am Tag nach dem Besuch bedeutete ihm der Cafébesitzer vorsichtig, er möge einen Ausflug in die Stadt unternehmen. Er schlug den Rat in den Wind und malte weiter, statt der Porträts – es kam niemand mehr – nun Stilleben, die er den Passanten schenkte. Sie nahmen die lästigen Geschenke mit spitzen Fingern an oder wiesen sie schweigend zurück. Manche spuckten sogar auf den Boden. Andere gingen ihm ganz aus dem Weg. Immer wieder warfen Lausejungen mit Steinen. Er schenkte dem keine Beachtung. Die Stille um ihn her wurde drückend, hart, mit dem Messer zu schneiden.

Eines Tages – es war ein Tag wie so viele andere, die ihre Lichtfäden über den nahen Wald spannten, über die Felder und die armseligen Hütten, die, eng aneinander geschmiegt, abgelegen und stolz, aus ihrer Einsamkeit einen Schutzwall bildeten – beschloss er, den anbrechenden Tag zu malen, voll des Odems der Erzengel zur Lobpreisung der Erde, auf der er lebte. Im Vordergrund malte er eine sonnenüberflutete Weizengarbe, die ihre Ähren dem ersten Licht darbot, und dahinter, trostspendend und still, ein unendlich weites Feld, das die frühmorgendliche Kühle ahnen ließ, in der sich stolz die Ähren wie Zunder reckten. Im Hintergrund, hinter dem Feld, war die Mähne des Waldes zu erkennen und darüber die Sonne, die die Welt erleuchtete und sich anschickte, ihr Flammenkleid anzulegen, um diese unheilschwangere Ruhe in Brand zu setzen.

Er malte wie im Wahn, geradezu süchtig, nie zufrieden, versessen auf jede Einzelheit. Er erkundete die Wirkung neu aufblitzender Strahlen, die sich über den Weizen ergossen. Immer waren es Felder, die er malte, im bleichen und dann

farde puis franche tout à fait, drap tissé de feuilles blanches.

Là où il était né il n'y avait pas de blé, seulement des moissons d'orge pouvant tenir dans le creux des mains et des montagnes dénudées étendant leurs os, roche mère usée, rougeâtre et grise par endroits. Des banquettes affaissées, restes de grandioses travaux de reforestation abandonnés, achevaient le délabrement de cette nature épuisée par la canicule sortie d'une gueule d'enfer. Quelques figuiers et amandiers, de rares oliviers persistaient à lui assurer de maigres restes de dignité. Elle avait perdu sa superbe au fil des ans. Il y avait d'abord eu la guerre, ses essaims de bombardiers déversant leurs déluges de feu puis les incendies répétant une année après l'autre, un scénario de guérilla menée sans répit par les charbonniers et les chasseurs de miel. Ils allumaient leurs feux, battaient des mains sous les invectives des vieux qui voyaient ainsi mourir l'écho verdoyant de leur jeunesse. Les brûlis destinés à étendre de pauvres champs accrochés aux pentes raides prenaient leur part du désastre. La forêt avait, par contre, vaillamment résisté de l'autre côté de la montagne, sur le versant arrosé par les pluies, filles ténébreuses des colères de la mer. Il suffisait d'arriver au sommet pour découvrir que le bleu blanchâtre du ciel n'était que le prolongement d'un autre ciel moutonneux et furieux s'étendant jusqu'au bout du monde. Il fut pris de vertige la première fois qu'il vit la mer. La montagne n'était donc pas l'unique pays des hommes. Ce pays de faim était Bouzirou, le Point zéro des cartes d'état-major, à la jonction du Zaccar et du Dahra, dans l'arrière-pays de Cherchell qu'il découvrit la première fois du vivant de son père.

glasklaren Licht, wie ein gewobenes Tuch aus weißen Blättern.

Dort, wo er geboren war, gab es keinen Weizen, nur Gerste, deren Ernte ein paar Handvoll Körner ergab, und nacktes Gebirge, das seine Gebeine ausstreckte, verwittertes Urgestein, hie und da rötlich und grau. Schmale, tief eingesunkene Pfade, Spuren aufgegebener großartiger Wiederaufforstungsarbeiten, vollendeten den Verfall dieser von der Gluthitze eines Höllenschlundes ausgedörrten Landschaft. Ein paar Feigen- und Mandelbäume und einige wenige Olivenbäume verliehen ihr noch einen kümmerlichen Rest an Würde. Sie hatte ihre Pracht mit den Jahren eingebüßt. Zuerst hatten Bombergeschwader während des Krieges ihre Feuerfluten abgeworfen, dann gab es ein ums andere Jahr Waldbrände, ein steter Guerillakrieg, den Köhler und Honigsammler führten. Sie entzündeten ihre Feuer, klatschten in die Hände unter den Schmähungen der Alten, die mit ansahen, wie die Erinnerung an das üppige Grün ihrer Jugend ausgelöscht wurde. Brandrodungen zur Vergrößerung der armseligen Felder an den steilen Hängen trugen das Ihre zur Zerstörung bei. Dafür hatte der Wald auf der anderen Seite des Berges tapfer Widerstand geleistet, dort an den Hängen, benetzt von Regenfällen, den dunklen Töchtern des zornigen Meeres. Man brauchte nur auf den Gipfel zu steigen, um zu bemerken, dass sich im milchigen Blau des Himmels ein anderer Himmel fortsetzte, der sich wolkenreich und wild bis ans Ende der Welt erstreckte. Schwindel erfasste ihn, als er zum ersten Mal das Meer sah. Also waren die Berge nicht die einzige Heimstatt der Menschen. Dieses Hungerland war Bouzirou, der Punkt Null auf den Generalstabskarten, wo Zaccar und Dahra im Hinterland von Cherchell aneinandergrenzen, das er zum ersten Mal zu Lebzeiten seines Vaters entdeckt hatte.

L'antique capitale numide faisait la sieste lorsqu'un autocar poussif et ruiné les déposa à la limite du port. Le père le laissa à l'entrée du musée. Il accomplissait le vœu de l'enfant mais se refusait à pénétrer dans cet antre dédié aux dieux de pierre des Romains. L'adolescent y passa l'après-midi en compagnie d'un vieux gardien, guide bénévole qui fit preuve de tant de bonté que l'adolescent sortit une poignée de figues sèches de sa poche pour la mettre dans les mains parcheminées de l'ancien, le suppliant d'accepter son modeste présent. Il garda de cet après-midi finissant un souvenir ébloui, rapportant dans le fond de ses yeux tant de beauté que son père, installé au café, de l'autre côté de la place, ému de voir son fils transfiguré, ne posa aucune question, oubliant du coup de faire les commissions dont les gens du douar l'avaient chargé.

Ce jour-là, il prit la décision : il irait aux Beaux-Arts. Ce fut un drame épouvantable. « La malédiction s'est abattue sur nous » dit la mère d'habitude muette. Le père garda le silence, maugréant des soirées entières, implorant Dieu de lui pardonner de n'avoir pas su éduquer son aîné, se reprochant d'avoir succombé; de l'avoir mené lui-même au musée, lieu de perdition et d'effroi dont certains croyants se tiennent à l'écart, priant pour qu'il soit anéanti avec ses dieux de pierre. Déjà, au retour de cette malheureuse expédition, lorsqu'il avait justifié aux voisins l'oubli involontaire de leurs commissions par la visite du musée, il avait non pas subi des reproches, cela ne se fait pas, mais surpris des sourires entendus qui l'avaient blessé.

Aux Beaux-Arts, il fut admis sur examen spé-

Die einstige numidische Hauptstadt hielt Mittagsruhe, als ein schnaufender, altersschwacher Autobus sie am Hafen absetzte. Der Vater ließ ihn am Eingang zum Museum zurück. Er erfüllte dem Kind den Wunsch, weigerte sich aber, diese Höhle zu betreten, die den steinernen Göttern der Römer gewidmet war. Der Jüngling verbrachte dort den Nachmittag in Gesellschaft eines alten Wärters, eines ehrenamtlichen Führers, der so viel Güte zeigte, dass der junge Mann eine Handvoll getrockneter Feigen aus seiner Tasche hervorholte und dem Alten in die ledrige Hand drückte mit der Bitte, sein bescheidenes Geschenk anzunehmen. Er behielt diesen Spätnachmittag in wunderbarer Erinnerung und trug auf dem Grund seiner Augen so viel Schönheit mit sich fort, dass sein Vater, der im Café auf der anderen Seite des Platzes saß und bewegt die Verklärung seines Sohnes sah, keinerlei Fragen stellte und die Besorgungen, die ihm die Dorfnachbarn aufgetragen hatten, völlig vergaß.

An jenem Tag fasste er den Entschluss: Er würde auf die Kunsthochschule gehen. Es wurde ein furchtbares Drama. « Ein Fluch hat uns getroffen ! » sagte seine sonst so stumme Mutter. Der Vater schwieg sich aus, schimpfte ganze Abende lang und flehte zu Gott um Vergebung, weil er es nicht verstanden hatte, seinen ältesten Sohn zu erziehen; er machte sich Vorwürfe, dass er nachgegeben und ihn selbst zum Museum gebracht hatte, diesem Ort des Lasters und des Schreckens, von dem sich Gläubige eigentlich fernhalten, und betete, er möge samt seinen Göttern aus Stein der Vernichtung anheimfallen. Schon bei der Rückkehr von dieser glücklosen Expedition, als er den Nachbarn das unfreiwillige Versäumnis der Besorgungen mit dem Museumsbesuch erklärt hatte, waren ihm zwar keine Vorwürfe gemacht worden, das tat man nicht, aber er war durch ihr Lächeln gegenseitigen Einvernehmens überrascht und verletzt gewesen.

An der Kunsthochschule wurde der Sohn auf eine Sonder-

cial, grâce à l'intervention du directeur. Ce peintre de talent finit par se fâcher avec l'administration. Il quitta à jamais le pays, emportant dans sa valise une fiole de lumière de cette terre où il ne pouvait, c'était évident, peindre sans se plier aux oukases d'une bureaucratie tatillonne disposant pour seule vertu de servir le règne de la censure. Il garda pour ce maître qu'il connut à peine une admiration jamais démentie. Plus tard, il peignit son portrait et le baptisa : « Abdelkader Guermaz, un artiste en colère ». Autour de lui, personne ne le connaissait. On l'avait enterré dans les plis du silence officiel réclamant le don d'une vie à tracer des slogans, toujours des slogans, médiocres vignettes étalées sur les murs et le long de routes abandonnées aux nids de poule.

Après tant d'années d'espoirs, de certitudes brisées et de désenchantement, il comprenait enfin sa colère, les raisons qui l'avaient fait fuir. Il avait saisi avant tout le monde qu'il fallait se révolter ou prendre un bateau, mettre ses pieds l'un devant l'autre, se donner des ailes, se révolter, n'accepter aucune ligature, refuser qu'un silence suive l'autre, qu'un mot soit coupé là, qu'une œuvre déplaisante soit mise au placard. Le maître avait eu raison contre tous. Maintenant, lui, voyait le monde se réduire, lui échapper, ne composer qu'une élégie funèbre pour sa terre. Il ne prit pas la fuite. Il n'alla nulle part. Il resta là, à attendre. Pour la seconde fois ils vinrent. Il les reçut calmement, leur expliqua doucement, avec des mots qu'ils comprirent sans les avoir compris, des mots d'une grande douceur tirée du cœur épuisé de la nature, qu'il ne partirait pas, qu'il resterait accroché à son terreau. Ils pouvaient exécuter leurs pénibles sentences, se faire peur à eux-

prüfung hin aufgenommen, dank der Fürsprache des Direktors. Der war ein begabter Maler und überwarf sich schließlich mit den Behörden. Er ging für immer fort; in seinem Koffer nahm er ein Fläschchen Licht aus diesem Land mit, wo er – so viel stand fest – nicht malen konnte, ohne sich den Anordnungen pedantischer Ämter zu beugen, deren einzige Tugend darin bestand, der Herrschaft der Zensur zu dienen. Er bewahrte für diesen Meister, den er kaum gekannt hatte, eine stete Bewunderung. Später malte er sein Porträt; er nannte es «Abdelkader Guermaz, ein zorniger Künstler». In seiner Umgebung war er so gut wie unbekannt. Man hatte ihn offiziell totgeschwiegen und verlangt, dass er sein Leben der Aufgabe widmete, Politparolen zu malen, immer nur Politparolen, armselige Schriftzüge an Mauern und öden Straßen voller Schlaglöcher.

Nach so vielen Jahren voller Hoffnungen, zerstörter Gewissheiten und Ernüchterung verstand er schließlich den Zorn jenes Mannes und die Gründe, die ihn zur Flucht bewogen hatten. Er hatte vor allen anderen begriffen, dass man sich entweder auflehnen oder fortgehen musste, unbeirrt einen Schritt vor den anderen setzen, die Flügel ausbreiten, aufbegehren, sich keine Fessel anlegen lassen, nicht hinnehmen, dass ein Schweigen auf das andere folgte, dass hier eine Meinung unterdrückt, dort ein unbequemes Werk unter Verschluss gehalten wurde. Der Meister hatte gegen alle anderen recht gehabt. Auch er selber sah jetzt mit an, wie die Welt schrumpfte, wie sie ihm entglitt, wie sie nur mehr eine Todeselegie für sein Land schuf. Er ergriff nicht die Flucht. Er ging nirgendwo hin. Er blieb da und wartete. Sie kamen ein zweites Mal. Er empfing sie gelassen, erklärte ihnen sanft, mit Worten, die sie verstanden, ohne sie begriffen zu haben, Worten von großer Milde, die aus dem entkräfteten Herzen der Natur herrührte, dass er nicht gehen würde, dass er seiner Heimaterde verhaftet bliebe. Sollten sie doch ihre furchtba-

mêmes, adolescents à peine sortis des limbes, un collier de poil leur servant de signe de ralliement. Il ne partirait nulle part sur cette terre trop petite pour contenir tous les cris et trop vaste pour lui servir de refuge.

La troisième fois, on le retrouva sous l'auvent, le visage défait, un pinceau entre les doigts. Il avait peint l'ultime aube naissante au-dessus des blés.

ren Urteile vollstrecken und sich selber Angst machen, jung und unfertig, wie sie waren, mit dürftig sprießendem Bart als Erkennungszeichen. Er würde nirgendwo auf dieser Welt hingehen, die zu klein war, um all die Schreie zu fassen, und zu groß, um ihm als Zuflucht zu dienen.

Beim dritten Mal fand man ihn unter dem Vordach, mit entstelltem Gesicht, einen Pinsel in der Hand. Er hatte den allerletzten anbrechenden Tag gemalt, der über den Weizenfeldern erwachte.

Quellenverzeichnis

Jean-Denis Bredin *1929
Rien ne va plus, aus: *Rien ne va plus...*

Edmonde Charles-Roux *1920
Il était une fois deux poilus, aus: *Contes de campagne*

Anmerkung: *Poilu* (der Haarige oder Struppige) ist einerseits ein rauher Kosename für einen Hund, andererseits die volkstümliche Bezeichnung für einen französischen Soldaten im Ersten Weltkrieg.

Philippe Claudel *1962
Bon anniversaire, Monsieur Framottet! aus: *Trois petites histoires de jouets*

Mariette Condroyer
Qu'as-tu fait de toi? aus: *Fugitifs*

Marie Desplechin *1959
Garde à vue, aus: *Nouvelles pour la liberté;* en collaboration avec Amnesty International, © 2003 Le Cherche-Midi, Paris

Eugène Ébodé *1964 Kamerun
Capitaine Messanga, aus: *Bonnes vacances*

Anmerkung: Der hier *Mont Crevette* genannte Berg ist der Mont Cameroun.

Philippe Lacoche *1956
Un bon voisin, aus: *Contes de campagne*

Jean-Claude Mourlevat *1952
Ouessant 1959, aus: *Bonnes vacances*

Annie Saumont *1927
Charlotte aux fraises, aus: *Le lait est un liquide blanc*

Yves Simon *1951
La seconde vie de Luis, aus: *Nouvelles pour la liberté;*
en collaboration avec Amnesty International,

Hamid Skif *1951 Algerien
Le peintre de l'aube, aus dem Manuskript (Erstveröffentlichung)

Weitere französische Titel in der Reihe dtv zweisprachig

Alliance pénible
Eine empfindliche Beziehung
Franzosen und Deutsche
Barrès, Curtis, Gascar, Giraudoux, Mandiargues, Nerval, Proust, Robbe-Grillet, Stendhal, Zola
Übersetzt von Bernd-Jürgen Fischer
ISBN 3-423-0**9432**-X
€ 9,50 [D] 9,80 [A]
sFr 16,80 **L**

L'Amour? Parlons-en ...
Moderne französische Liebesgeschichten
Aragon, Berry, Cocteau, Colette, Dorgelès, Giono, Giraudoux, Guitry, Mauriac, Maurois, Philipe, Prévert, Ramuz
Übersetzt von Ulrich Friedrich Müller u. a.
ISBN 3-423-0**9218**-1
€ 7,50 [D] 7,80 [A]
sFr 13,50 **L**

Charles Baudelaire
Trente Poèmes en Prose
Dreißig Gedichte in Prosa
Auswahl, Übersetzung und Nachwort von Ulrich Friedrich Müller und Marlies Müller-Bek
ISBN 3-423-0**9449**-4
(Oktober 2005)
€ 8,– [D] 8,30 [A]
sFr 14,30

La Belle Époque
Erzählungen
Aus dem friedlichen Frankreich um 1900
Allais, Bloy, Colette, Daudet, France, Gautier, Giraudoux, Maupassant, Mirbeau
Übersetzt von Gisela Fichtl u. a.
ISBN 3-423-0**9425**-7
€ 8,– [D] 8,30 [A]
sFr 14,30

D'un cheveu
Um ein Haar
Französische Erzählungen des 20. Jahrhunderts
Aragon, Aymé, Camus, Chabrol, Colette, Giono, Giraudoux, Maurois, Robbe-Grillet, Sagan, Supervielle, Tournier, Vian, Yourcenar.
Übersetzt von Marlies Müller-Bek u. a.
ISBN 3-423-0**9316**-1
€ 9,– [D] 9,30 [A]
sFr 16,– **L**

En bref
In aller Kürze
Prosa-Miniaturen von vor Baudelaire bis nach Robbe-Grillet
Übersetzt von Gisela Fichtl
ISBN 3-423-0**9443**-5
€ 7,50 [D] 7,80 [A]
sFr 13,50

Gustav Flaubert
La Légende de Saint Julien l'Hospitalier
Sankt Julian der Gastfreundliche
Übersetzung von Ulrich Friedrich Müller
Eine Erzählung von Verbrechen und Heiligkeit, in einer bis ins letzte ausgefeilten, makellosen Sprache geschrieben, die dennoch die Erregung des Erzählers spüren lässt.
(April 2006)
€ XX,– [D] XX [A]
sFr XX

Gens de lettres
Begegnungen mit großen Franzosen
Schriftsteller, porträtiert von Schriftstellern
La Rochefoucauld (von sich selbst), Molière (Perrault), Voltaire (Hugo), Rousseau (Saint-Pierre), G. d. Staël (Lamartine), Récamier (Sainte-Beuve), Stendhal (Mérimée), Balzac (Gautier), Hugo (Dumas), Flaubert (Du Camp)
Übersetzt von Martine Passelaigue und Marlies Müller-Bek
ISBN 3-423-0**9404**-4
€ 9,– [D] 9,30 [A]
sFr 16,– **L**

Magnan, Pierre
Le bouquet de violettes –
Der Veilchenstrauß
Ein Krimi mit Kommissar Laviolette, dem Maigret der Provence
Übersetzt von Irène Kuhn
ISBN 3-423-0**9389**-7
€ 8,50 [D] 8,80 [A]
sFr 15,20 **L**

Maupassant, Guy de
Garçon, un bock. Nouvelles choisies –
Herr Ober, ein Bier. Erzählungen
12 Meisterstücke aus der Welt der Bauern, Adligen, Geschäftsleute und Beamten
Übersetzt von Marlies Müller-Bek und Ulrich Friedrich Müller
ISBN 3-423-0**9411**-7
€ 9,– [D] 9,30 [A]
sFr 16,– **L**

Mérimée, Prosper
Carmen
Übersetzt von Kristian Wachinger
ISBN 3-423-0**9333**-1
€ 7,– [D] 7,20 [A]
sFr 12,60 **L**

Mesdames!
Große Französinnen in kleinen Geschichten
Erzählt und übersetzt von Irène Kuhn
Die dargestellten Frauen: Héloise, Jeanne Hachette, Marie-Antoinette, Madame de Stael, Charlotte Corday, Sophie Trébuchet, Blanche d'Antigny, Camille Claudel, Marie Curie u. a.
ISBN 3-423-0**9428**-1
€ 8,50 [D] 8,80 [A]
sFr 15,20 **L**

Neuf nouvelles nouvelles
Neue französische Erzählungen
Baroche, Châteaureynaud, Fleutiaux, Fulgence, Gallaire, Garnier, Jouet, Orville, Pujade-Renaud
Übersetzt von Gabriele Vickermann
ISBN 3-423-0**9299**-8
€ 7,– [D] 7,20 [A]
sFr 12,60 **L**

Nouvelles exemplaires
Französische Meister-Erzählungen
Balzac, Daudet, Flaubert, France, Maupassant, Mérimée, Stendhal, Vigny, Zola
Übersetzt von Marlies Müller-Bek u. a.
ISBN 3-423-0**9192**-4
€ 10,– [D] 10,30 [A]
sFr 17,60 **L**

Paris – un florilège
Paris-Lesebuch
36 Texte aus sechs Jahrhunderten
Übersetzt von Martine Passelaigue und Kristian Wachinger
ISBN 3-423-0**9371**-4
€ 9,– [D] 9,30 [A]
sFr 16,– **L**

Parler d'Amour
Französische Liebesgeschichten
Balzac, Baudelaire, Châteaubriand, Daudet, France, Mallarmé, Maupassant, Murger, Musset, Stendhal, Verlaine, Zola
Übersetzt von Ulrich Friedrich Müller
ISBN 3-423-0**9209**-2
€ 8,– [D] 8,30 [A]
sFr 14,30 **L**

Perrault, Charles
Contes de Fées – Märchen
Übersetzt von Ulrich Friedrich Müller
Illustriert von Louise Oldenbourg
ISBN 3-423-0**9407**-9
€ 7,50 [D] 7,80 [A]
sFr 13,50 **L**

Poèmes français
Französische Gedichte
66 Gedichte von 60 Autoren, vom Mittelalter bis zur Gegenwart
Übersetzt von Ulrich Friedrich Müller und Marlies Müller-Bek
ISBN 3-423-0**9378**-1
€ 9,– [D] 9,30 [A]
sFr 16,– **L**

Premier Livre
Erste französische Lesestücke
Leichte Texte, Vers und Prosa
Übersetzt von Christiane Reichhold
Illustriert von Frieda Wiegand
ISBN 3-423-0**9238**-6
€ 6,50 [D] 6,70 [A]
sFr 11,70 **L A**

Proust, Marcel
Trois places, trois femmes, trois metiers – Marcel Proust Lesebuch
Textausschnitte aus ›Auf der Suche nach der verlorenen Zeit‹
Übersetzt von Bernd-Jürgen Fischer
ISBN 3-423-0**9417**-6
€ 9,50 [D] 9,80 [A]
sFr 16,80 **L**

La Provence, un florilège
Provence-Lesebuch
Von Petrarca bis Pagnol: Geschichten, Berichte, Gedichte
Übersetzt von Martine Passelaigue und Marlies Müller-Bek
ISBN 3-423-0**9358**-7
€ 8,50 [D] 8,80 [A]
sFr 15,20 **L**

Saint-Exupéry, Antoine de
Dans le Désert. Les Camarades – In der Wüste. Die Kameraden
Zwei Berichte aus ›Wind, Sand und Sterne‹
Übersetzt von Henrik Becker
ISBN 3-423-0**9103**-7
€ 6,50 [D] 6,70 [A]
sFr 11,70 **L**

Simenon, Georges
Maigret et l'Inspecteur Malgracieux – Maigret und der Brummige Inspektor
Kriminalerzählung
Übersetzt von Ulrich Friedrich Müller
ISBN 3-423-0**9367**-6
€ 7,50 [D] 7,80 [A]
sFr 13,50 **L**

Tour de France
Frankreich in kleinen Geschichten
von der Normandie bis Korsika, und von Vercingetorix bis de Gaulle.
Erzählt und übersetzt von Irène Kuhn
Illustriert von Frieda Wiegand
ISBN 3-423-0**9288**-2
€ 7,50 [D] 7,80 [A]
sFr 13,50 **L A**

Zola, Émile
Comment on se marie et comment on meurt – Wie man heiratet und wie man stirbt
Neun literarische Reportagen
Übersetzt von Ulrich Friedrich Müller
ISBN 3-423-0**9393**-5
€ 7,93 [D] 8,20 [A]
sFr 14,10 **L**